耐久性・コスト・性能を究めた
最高の塗料

断熱・遮熱塗料「ガイナ」

超耐候性塗料「スーパームキコート」

高性能塗料「アステックペイント」

超耐候性塗料「無機ハイブリッドチタンガード®」

完全保存版 塗料比較表 ／ 塗料の選び方

塗料の知識 ／ コラム 同じ名前の塗料でも中身が違う？ 安さだけで選ぶ落とし穴

こんなに変わった 外装リフォーム事例

🏠 REFORM CASE：青森県八戸市 Y様邸

腐食が進みダメージの大きかった外壁が 劇的リフォームでまるで新築のように！

海岸近くにあるY様邸は潮風がまともにあたることもあり、築25年とは思えないほど外壁にサビが浮かんでいた。このままではいけないと考え地元で評判の佐々木商会に相談したところ、「一見不安になるくらいの傷みがあるが、傷んでいるのは外部のサイディング材のみで、躯体部分に問題がない」との診断結果が出て安心したそうだ。

そこで、外壁には耐久性が高くサビにも強い金属サイディングの重ね貼りを行い、表面に仕上がりの美しい「YKK AP シャインウォール」を採用。また、屋根には色持ちの良いフッ素塗料「日本ペイント デュフロン4Fルーフ」の中から、奥様の好きな色であるモスグリーンを選んだ。施工後は、ご近所の人からも「建て替えたみたい」と言われ、仕上がりに大満足のY様。潮風にも負けずに長持ちする仕様となったことで、安心の住まいになった。

BEFORE

サイディングのつなぎ目を中心に、全体的にサビが目立っていた外壁。屋根にも傷みがあった

BEFORE

サイディングの腐食が進んでいることがわかる

艶やかなモスグリーンに生まれ変わった屋根

耐候性に優れ変色や退色に強い外壁を選んだ

REFORM DATA

リフォーム費用／約250万円

施工面積……屋根96㎡、外壁140㎡

施工箇所……屋根・外壁

工事期間……約3週間

築 年 数……25年

家族構成……2人

施 工……株式会社佐々木商会

カラーシミュレーションを見ながら、屋根を新しい色に変更。外壁とバランスが良くなった

新築時の輝きを取り戻した外壁。雨どいも塗り直し、新品のようなツヤが出ている

サイディングの目地まできれいにクリア塗装された外壁。それによって防水効果も高まった

遠目では分かりにくいが、経年劣化が進んでいた

コケが生え、塗装の剥がれが見られていた屋根

🏠 REFORM CASE : 青森県八戸市 M様邸

クリア塗装で新築時の輝き
屋根の色も一新してリフレッシュ

新築から15年経ち、外装リフォーム業者数社が訪問営業に来ていたことがきっかけ。業者によってすすめる点が違っていたため、業者を絞れずにいた。要望は新築時の外装の模様が気に入っていたので、それを長持ちさせたいということと、外壁の反りが気になっていたので直してほしいという2点。それに対し、ある業者から「クリア塗装ではダメ」と言われていた。しかし佐々木商会は外壁の状態を調査した結果、ク

リア塗装でも大丈夫と判断。外壁の反りについては大工に増し締めしてもらい、シーリングを打ち替え、防水性能を復活させることにした。また屋根面にコケが出ていたためしっかりと洗い流し、塗料剥がれの箇所もしっかりと塗装を行う提案を行った。

屋根も新しい色に塗り直し、クリア塗装によって新築時の輝きを取り戻して大満足の仕上がり。隣家への挨拶も丁寧で、信頼も深まった。

REFORM DATA

リフォーム費用／**135**万円

施工面積 …… 屋根：132㎡
　　　　　　　外壁：約165㎡　シーリング242m
施工箇所 …… 屋根・外壁・シーリング・付帯部
工事期間 …… 約3週間
築 年 数 …… 15年
家族構成 …… 2人
施　　工 …… 株式会社佐々木商会

3

🏠 REFORM CASE：青森県八戸市 M様邸

決め手は「提案力」と「信頼度」
まるで建て替えたような仕上がりに

BEFORE

しっかりと汚れを落とし、丁寧に3回塗り

建ててから15年が経過し、そろそろ塗り替え時だと感じはじめていたことが外装リフォームのきっかけ。仕事柄、業者選定は実績による信頼度を重視し、何社かに相談をしていた。その中で、佐々木商会の営業の姿勢に信頼感を覚えたのが最終的な依頼の決め手となった。初回の現地調査では、屋根にあがり、外壁も隅々まで確認して、1時間以上にわたり調査を行った。また商談の際にも、M様に今後の生活設計をお伺いし、それに合った3つのプランを提案。外壁色は専用ソフトを使ったカラーシミュレーションで何パターンも用意して、確認ができるように配慮した。最終的には、似たような外壁材に塗装をして、実際の色を確認できるようにし、モノトーン調の外壁色に決定した。

「工事が終わり足場がなくなってからは、まるで建て替えたような仕上がりに感動しました。また、ご近所からの評判も大変いいんです」と笑顔で話してくれた。

REFORM DATA

リフォーム費用／**150**万円

施工面積……屋根110㎡、外壁185㎡、
　　　　　　シーリング 224m

施工箇所……屋根・外壁・シーリング・付帯部

工事期間……約2週間

築 年 数……15年

家族構成……4人

施 　　工……株式会社佐々木商会

BEFORE

屋根にはコケが生え、既存塗装は経年劣化による退色がみられた

バイオ高圧洗浄で汚れをしっかり落とす

🏠 REFORM CASE：愛知県豊田市 H様邸

コーキングの修復から劣化対策まで行い まるで新築のような仕上がりに

新築から10年が経過し、外壁のコーキング部分のひび割れが目立ちはじめ、気になっていたことがリフォームのきっかけ。以前、リフォームスタジオニシヤマで施工した近隣のお客様からご紹介を受け、問い合わせた。訪問した担当営業の建物診断や詳しい塗料説明に安心感を覚えたのが、最終的な契約の決め手となった。現地調査を実施して、コーキングが外壁の伸縮に伴い側面剥離を起こしていることが判明。高耐久シーリング材である「ジョイントエンペラー」と、コーキング亀裂の原因である外壁の伸縮を抑えるため断熱・遮熱効果の高い日進産業の「GAINA」を提案。特にデザイン性の高い住宅のため、「GAINA」のマットで上品な仕上がりがマッチする。外壁色はカラーシミュレーションで複数パターンを確認して、まるでデザイナーズハウスのようなモノトーン＋木目のハイセンスなカラーリングに決定した。施工後には「イメージ通りの仕上がりに大変満足しています」とうれしい言葉をいただいた。

BEFORE

10年の経過とともに外壁が色褪せ、コーキングの著しい劣化が見受けられた

増し打ちするだけでは厚みを確保できず、耐久性が保てないため、目地部分のコーキングを完全に撤去した

REFORM DATA

リフォーム費用／**183**万円

施工面積……231㎡
施工箇所……外壁・ベランダ防水
工事期間……23日
築 年 数……10年
家族構成……4人（夫婦＋子ども2人）
施　　工……株式会社にしやま

北西から見るとグレーのワントーン配色。まるで新築のデザイナーズハウスを思わせるすてきな外観に様変わり

プライマー塗布後、高耐久シーリング材「ジョイントエンペラー」できれいに施工

5

外壁カバー工法によって
モダンで高級感ある意匠を実現

新築から30年が経ったK様邸は、外壁の劣化が目立ち始め、訪問営業のリフォーム会社が何度も訪ねてきていた。そこでK様は、以前から信頼しており、実績もある佐々木商会で外装リフォームを行うことを決意。デザイン性にも耐候性にも優れたアルミ外装材「アルカベール」でカバー工法を行った。外装材の中でも最軽量なアルミ製サイディングを使ったため、建物への重量負担が抑えられ、耐震・防水性能も向上。外観デザインは、レンガ調の外壁で高級感を漂わせた。さらに、ベランダ部分に木目調のアクセントカラーを入れることで、家の立体感がより強調され、重厚な印象に。屋根も紺色からブラウンに塗り替え、全体的に温かい雰囲気に生まれ変わった。

K様は「長年ご縁がある佐々木商会さんに頼んで良かったです。職人さんも一生懸命やってくれて大満足！」とのこと。

年月を重ねて壁に汚れやくすみがこびり付き、古びた印象を与える外観だった

BEFORE

REFORM DATA

リフォーム費用／**300**万円
施工面積……屋根118㎡　外壁185㎡
施工箇所……屋根、外壁、付帯部
工事期間……4週間
築 年 数……30年
家族構成……2人
施　　工……株式会社佐々木商会

大胆なカラーチェンジで
まるで新築のようにキレイに

新築時から10年以上を経て、外壁の汚れや目地のコーキングの劣化が気になり始めたO様。そんなとき、佐々木商会のイベント広告を見て、同社へ足を運んだという。ショールームで実際の住宅模型や映像などを見ながら説明を受け、安心感を覚えたため、長期耐久型の無機系塗料を使ったプランを契約。色選びでは、ご家族が納得できるまでカラーシミュレーションを何度も行った。最終的には、既存のアイボリー系からはガラッとイメージを変えて、高級感と落ち着きがある濃いブラウンに。細部まで配色にこだわり、破風や窓周りなどの白い部分も1パターンでは安っぽくなるので微妙に色を変えている。

O様は「仕上がりにとても満足していて、ご近所さんからの評判もばっちりです！」と笑顔を見せてくれた。

経年劣化でコーキングから雨水が浸入する危険性もあった

BEFORE

REFORM DATA

リフォーム費用／**130**万円
施工面積……屋根90㎡　外壁130㎡
施工箇所……屋根、外壁、付帯部
工事期間……3週間
築 年 数……15年
家族構成……4人
施　　工……株式会社佐々木商会

■ REFORM CASE：青森県八戸市 M様邸

お客様のことを第一に考え
自然な仕上がりと耐久性を両立

自宅を建てた施工会社からメンテナンスの際に外壁リフォームを提案され、検討しはじめたM様。最初は施工店からの見積書が適正価格かどうか判断するために見積もりをお願いしたが、担当者の迅速な対応とご夫婦の将来設計を第一に考えた提案がすばらしく佐々木商会に依頼することに。塗装した感じがでない自然な仕上がりにという要望を尊重しつつ、耐久性を重視した塗料を選定し、屋根・外壁ともにAGCルミステージ弱溶剤GTを採用した。屋根・外壁・付帯部ともに3回塗りをし、丁寧な施工を行った。

M様は「仕上がりが想像を超えており、新築時のワクワク感がよみがえりました。担当者にはいろいろな要望を嫌な顔をせずに対応していただきました」と笑顔で話してくれた。佐々木商会のお客様目線の提案と施工に大満足のご様子。

BEFORE

新築時の輝きが失われつつある状態だった

REFORM DATA

リフォーム費用／**236万円**
施工面積……屋根:143㎡、外壁:252㎡
施工箇所……屋根、外壁、付帯部、基礎
工事期間……4週間
築 年 数……14年
家族構成……2人(夫婦)
施　　工……株式会社佐々木商会

■ REFORM CASE：青森県八戸市 Y様邸

工事中の近隣への配慮も欠かさず
丁寧で安心できる施工

太陽光パネル業者のずさんな施工で、屋根の色が剥げ、まだらになっているのが気になり、築年数的にもそろそろだったためリフォームを決意した。担当者の気遣いと分かりやすい説明、現状に合わせた最適なプラン提案が決め手となり佐々木商会に依頼した。長期耐久型の無機系塗料をおすすめし、将来的にコストを抑えられることを説明。また、施工前、施工中、施工後と何度も足を運び、案内チラシを配布して近隣への配慮も欠かさなかった。

「担当者の方は、説明も分かりやすく丁寧で、信頼してお願いすることができました。職人さんの仕事ぶりもすばらしく安心感がありました」とY様。屋根や外壁がきれいになり、Y様の気持ちも明るくなったという。

BEFORE

外壁が色褪せ、全体的に暗い感じになっていた

BEFORE

外壁目地のシーリングの劣化と外壁の細かいひび割れが目立っていた

無機系クリア塗料で上品なツヤの仕上がりに

REFORM DATA

リフォーム費用／**220万円**
施工面積……屋根202㎡、外壁260㎡
施工箇所……屋根・外壁
工事期間……約30日
築 年 数……15年
家族構成……3人
施　　工……株式会社佐々木商会

BEFORE

玄関まわりも美しくなった

🏠 REFORM CASE：富山県高岡市 K様邸

住む人思いの誠実な提案から、美しい外観と快適な暮らしが誕生

築12年ほど経ち、外壁のひび割れが気になっていたK様。地域の多目的施設で開催される外壁リフォーム相談会のチラシが目に留まり、会場を訪れた。そこでオリバーに相談をしたのが、リフォームのきっかけだ。

調査では、外壁に隙間があることが判明。隙間を部分的に埋める方法もあるが、それは一時しのぎに過ぎない。長期的には高耐久の金属サイディングの重ね張りが最適であり、張り替えよりコスト面でのメリットも大き

いという。こうした担当者の提案に誠実かつ良心的な印象を受けたK様は、オリバーへの依頼を即決断した。

新柄と新色を採用した外壁は、明るさと落ち着きを兼ね備えた雰囲気に一変。軒天など部分的に塗装も施され、より美しい仕上がりとなった。さらに、重ね張りによって断熱性や遮音性もアップ。K様は「暑がりなのに、昨夏とは冷房の設定温度が2度も違いました」とご満悦の表情を見せる。

REFORM DATA

リフォーム費用／**276.5**万円

施工面積……187㎡
施工箇所……外壁、付帯部
工事期間……45日
築 年 数……12年
家族構成……4人（夫婦＋子ども2人）
施　　工……株式会社オリバー

🏠 REFORM CASE：千葉県四街道市 K様邸

クリア塗装で新築時のツヤが持続！バルコニーの漏水もまるごと施工

BEFORE

クリア塗装で上品なツヤがよみがえった

築9年が経過したK様邸の外壁塗装のきっかけはバルコニーの漏水だった。K様は、バルコニーの手すり壁の根元から水がまわり、躯体が腐食していないか心配していた。そろそろ外壁の塗り替えの時期だということもあり、リフォーム工事と塗装を同時に施工できる業者を探して、みすずに連絡し即決した。

みすずでは漏水対策のために化粧幕板の交換から工事スタート。特にトラブルのあるバルコニーの出角は、ぴったり納まるように幕板の内側を削って調整し、シーリング材を充填して水の侵入をがっちりガードした。外壁はもともと多彩サイディングのため、無色透明のクリア塗装を提案。塗料は、紫外線に強く寿命が長い「スーパームキコート」を選び、上品なツヤが出るよう調整して塗装した。「私が不在の中、シャッターボックスや雨どいまで丁寧に塗っていただきありがとうございました」と、細かい部分の施工にも満足しているK様。まるで新築同様のマイホームに満面の笑顔が向けられる。

REFORM DATA

リフォーム費用／**130**万円

施工面積……235㎡
施工箇所……屋根・外壁・付帯部
工事期間……20日
築 年 数……9年
家族構成……2人（夫婦）
施　　工……株式会社みすず

BEFORE

ツヤのないマット素材で上質な色合い

🏠 REFORM CASE：愛知県知多郡東浦町 G様邸

遮熱・断熱効果を高める塗料で室内の快適性もアップ

築15年のG様邸は、外壁の汚れが目立ってきたことがリフォームのきっかけ。触ると白い粉が付き、雨垂れのすじが目立つようになってきた。インターネットで業者を探し、最終的に選んだのがリフォームスタジオニシヤマだ。担当者の熱心さが伝わったことと、「職人に自信がある」という言葉が決め手だった。実際リフォームスタジオニシヤマの職人による仕事は、仕上がりと効果にこだわり、しっかり手間をかけた丁寧さが際立つ。

梁の部分まで塗ってもらい、きれいに仕上がった。

この家はもともと夏涼しく、冬暖かいつくりが特徴。外壁塗装もその機能をより高めてくれるものにしたいというのがG様の要望だ。そこで選んだのが、塗料自体に熱をためにくく遮熱効果のある塗料「ガイナ」である。リフォームが終わった家の住み心地の違いは歴然。「夏は家に帰ってきたときの涼しさを体感できるほど大きな効果があった」と、G様も満足の様子だ。

REFORM DATA

リフォーム費用／**170**万円

施工面積……330㎡
施工箇所……外壁、屋根
工事期間……20日
築 年 数……15年
家族構成……4人（夫婦＋子ども2人）
施　　工……株式会社にしやま

🏠 REFORM CASE：岐阜県高山市 I様邸

決め手は担当者の"一所懸命さ"まるで新築のような仕上がりに満足

紅葉しはじめた垣根と、外壁の色がよく似合ったI様邸。築15年の外壁は手でさわると白い粉が付く状態だった。色の組み合わせはいくつかの提案の中から、シミュレーションを使ってグレーと濃いブラウンに決定し、塗料はツヤのある「スーパームキコート」を採用。そのほか、おでかけ時の雨や、冬場の家事の負担を軽減するために、1階の洗濯干場には雨よけテラスを設置した。

「ロビンの担当者の印象は大変良かったです。他社にも見積もりを頼みましたが、ロビンの担当者の一所懸命な姿勢に好感を持ちました。説明も大変分かりやすく、打ち合わせの時間も夜や、こちらの時間に合わせて来てもらえて良かったです」と決め手を話すI様。信頼できる会社に理想のリフォームを実現してもらえ満足されていた。

洗濯干場を雨よけテラスで囲い、仕事や外出中に雨が降っても洗濯物が濡れる心配がなくなった。ぴったりサイズの特注品を設置

BEFORE

REFORM DATA

リフォーム費用／**165**万円

施工面積……153.09㎡
施工箇所……外壁・テラス
工事期間……3週間
築 年 数……15年
家族構成……4人（夫婦＋子ども2人）
施　　工……株式会社ロビン

外装リフォームでできることをチェック！

外装はたくさんの部位で構成されている。

外装は外壁、屋根だけでなく、雨どいや庇などから構成されている。
このページでは、外装リフォームを行うにあたって、知っておくべき部位を図にまとめた。
特に気になる部分は、劣化チェックや、施工方法など要点を押さえて調べよう。

雨戸

防犯・防雨・防風・防火・防音・遮熱など幅広く効果を発揮。種類も豊富なので予算や使用頻度を考慮して選ぶことが大切だ。

細部まで徹底施工 雨戸・戸袋の施工工程 ▶P79

雨どい

雨の侵入による建物の腐食を防ぐという重要な役割を担う。劣化に強い素材でつくられているが、メンテナンスは定期的に。

傷・劣化のチェックポイント ▶P17
細部まで徹底施工 雨どいの施工工程 ▶P78

外壁

外壁のリフォームは塗り替え、張り替え、既存外壁に新しい外壁を重ねるカバー工法の3種。最適な施工方法を吟味しよう。

傷・劣化のチェックポイント ▶P14
外壁塗装の施工工程 ▶P22
正しい洗浄方法 ▶P24
正しい下地処理 ▶P26
正しい塗装方法 ▶P29
最高の塗料 ▶P35
色選びの方法を押さえる ▶P67
カバー工法で賢い住まい ▶P72

カーポート

リフォームの際にカーポートを新設する場合は、道路との高低差を確認。大がかりな工事が必要になることもある。

コンクリート・基礎・ブロック

ブロック塀も中に水が入り込むと劣化が進む。リフォームでは、ブロック内部へ水を浸透させないための防水対策が必要。

正しい洗浄方法 ▶P25
細部まで徹底施工 基礎の施工工程 ▶P81

玄関アプローチ

家の印象を決定づける重要なポイント。新しい住まいのカラーやデザインに合わせて一緒にリフォームすると統一感が出る。

屋根

雨や日射しを直接受けるため、外壁に比べて劣化しやすい。屋根のメンテナンスは家の寿命を延ばすことにもつながる。

傷・劣化のチェックポイント ▶P16
正しい洗浄方法 ▶P25
屋根対策 ▶P30
色選びの方法を押さえる ▶P67
カバー工法で賢い住まい ▶P72

ベランダ・バルコニー

家の外観イメージを決める大きなポイント。雨や風が直接触れるので、防水がしっかり機能しているかチェックしておこう。

傷・劣化のチェックポイント ▶P17
細部まで徹底施工 ベランダ・バルコニー・屋上の床の施工工程 ▶P80

破風 (は ふ)

屋根の妻側部分に取り付ける板状の部材のこと。塗装や、板金材を張り、雨漏りの対策を行おう。

鼻隠し (はな かく)

鼻隠しは、軒先の先端に取り付ける板状の部材のこと。塗装したり、板金材を張ったりして劣化を防ぐ。

軒天 (のき てん)

屋根の真下にある壁のこと。劣化した場合は防藻・防カビ・防水機能が備わった、通気性のある塗料を塗装する。

細部まで徹底施工 軒天の施工工程 ▶P79

庇(鉄部) (ひさし)

雨や日差しが室内に入るのを防ぐ役割を持つ。修理の際、開口幅の広いものは、中央部が下がらないように腕木の強度に注意。

傷・劣化のチェックポイント ▶P17
細部まで徹底施工 鉄部(庇)の施工工程 ▶P82

笠木 (かさぎ)

塀や手すり、腰壁などの頂部に取り付ける仕上げ材。メンテナンスしておかないと、雨漏りや下地材の劣化につながる。

細部まで徹底施工 笠木の施工工程 ▶P80

通気口

外部から空気を取り込む場所。サビなどによる腐食や、通気口まわりの劣化により、雨水が浸入することがあるので注意。

ウッドデッキ(木部)

特に天然木のウッドデッキは経年変化による劣化が顕著。塗装するなど、長く使用できるようにメンテナンスを行おう。

傷・劣化のチェックポイント ▶P17
正しい洗浄方法 ▶P25
細部まで徹底施工 木部(玄関前の柱)の施工工程 ▶P82

窓

断熱性・防音性・防犯性など、住宅の機能性と快適性に大きく関わる場所。窓のリフォームは、さまざまな問題解決にもつながる。

外装リフォームを考えはじめた人へ

外装リフォームによる効果と目的

厳しい外的環境にさらされるため、時間の経過とともに必ず劣化してしまう外装。
ここではなぜ外装リフォームが必要なのかを押さえておこう。

> 美観を保つこと・外装の保護でわが家を長く住めるようにする

美観

**きれいな外観を保って
愛着のあるわが家に**

新築のように美しい外観を取り戻したり、色を変えてイメージを変更することもできる外装リフォーム。家の第一印象を決める場所だからこそ、こだわりたい。

外壁や屋根は家の顔
↓
・いつも見えている
・家の印象を決める
常にきれいに保ちたい

After

Before

グリーンだった外壁を鮮やかなオレンジに変更して、家のイメージを一新。エントランスの草花が映える明るい印象に

> まるで新築時のような
> 仕上がりに

外装保護

**紫外線や雨などの環境から
大切な家を守る役割も**

外壁や屋根は、紫外線や雨風にさらされているため、徐々に傷んでくるもの。きちんと補修することは、美観だけでなく健康的な家を保つためにも必要だ。

**毎日の天候や季節の寒暖から
私たちを守っている**
↓
定期的に新しい塗膜層をつくり家を日差し・風雨から守る

雨・雪　紫外線　風　カビ コケ 虫
雨や風、カビや虫から家を守る

リフォームにより明るく柔らかな印象になった外壁は、これまで悩みの種だったコケやカビを心配することなく、家族を快適に包み込む

まとめ

外装リフォームの目的は、見た目の美しさをよみがえらせる美観と
家を守るための保護。愛着を持ち、長く暮らし続けるために欠かせない。

塗料を構成する4つの成分
配分量の違いで耐久性も変化

塗料は「顔料」「樹脂」「溶剤」「添加剤」の4つの成分で構成される。この4つが絡み合うことで、家を紫外線や雨から守る「塗膜」になるのだ。成分の配分量の違いで価格や耐久性も変化。一般的に、樹脂が多い塗料ほど高価になるが、その分、耐久性も高くなる。塗料は安いだけで選ばないこと。耐久性が低く、すぐに塗り替えが必要になる可能性がある。

塗装直後　塗膜完成

顔料
顔料は、それ自体が色を持つ粉末固体で、主に塗料の色彩などを形づくる成分。顔料そのものが私たちの目に塗膜として見えている。

樹脂
塗料の主成分である顔料だけでは塗膜として機能しない。樹脂は、顔料を膜として強固に密着させる働きを持つ。また、樹脂の種類によって耐久性や性能も決まる。

溶剤
シンナーや水など、樹脂を溶かしたり、薄めたりするための透明な液体。塗料を適正な粘度に調整したり、塗面の仕上がりを良くするために使用する。

添加剤
防藻、防カビ、低汚染、抗菌など、塗料の機能を向上させる補助薬品。塗装の目的とする機能や用途に応じて、必要な添加剤を少量だけ混ぜ合わせる。

塗料の劣化を引き起こす
最大の原因は太陽光の紫外線

気温や酸性雨など、塗料を劣化させる要因はいろいろあるが、最も大きな原因は太陽の紫外線。紫外線は塗料を塗った表面の0.1mm程度まで浸透し劣化させる。塗料が劣化すると、顔料を結合している樹脂層も劣化し顔料の離脱が生じてくる。この現象をチョーキングといい、触ると白い粉が付く現象だ。劣化の度合いは塗膜の成分によって異なる。

まとめ 塗料用樹脂の結合は、アクリル系、ウレタン系、シリコン系、フッ素樹脂系の順で高くなり、耐候性も大きくなる。

わが家の外壁はどんな素材でできている？
外装の修繕時期を知る 外壁編

外壁の素材は種類豊富。まずは、家の外壁に使用されている
素材の性質を理解することからスタートしよう。

金属サイディングボード

スチールやアルミニウムなどの金属鋼板のこと。デザイン性・耐久性に優れた表面材（金属板）と断熱性・防火性に優れた裏打材によって形成され、軽くて耐久性に優れる。美観維持、防カビのために10〜15年で要再塗装。塗膜を傷めてしまった場合はすぐに処置が必要だ。

塗装目安 10〜15年

こんな症状に注意

赤サビ
表面材の塗膜が傷ついてしまったところから発生する「赤サビ」。表面は特殊なメッキ加工がされているが、中身は鉄の板のようなものでサビてしまう。外壁にものをぶつけないように注意が必要。

サビ

放置するとほかの箇所も腐食。サビが広がったり穴が開く前に適切な処置が必要

窯業系サイディングボード

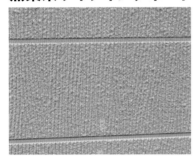

セメント質と繊維質を主な原料として板状に形成した素材。タイル目、レンガ調などデザインが豊富で最近よく使用されている。基材は吸水性があり、防水機能は塗膜に頼っているため、塗膜の劣化を放置すると建物の構造に大きなダメージを与える可能性も。

塗装目安 7〜8年

こんな症状に注意

シーリングの劣化

サイディングの場合、目地のシーリングがひび割れしたり痩せて隙間が空く

[そのほか]
ボードの反り
チョーキング
紫外線による退色
爆裂（寒冷地）など

モルタル

セメントと石灰や砂を混ぜて水で練った素材。施工が容易でコストが安いため、新築時の最もポピュラーな吹きつけ仕上げ材として使用されていた。強度が高く耐火性に優れるが、防水性能が低くなると急激に劣化が進み、ひび割れが発生する。

塗装目安 10〜15年

こんな症状に注意

モルタルの剥離

塗装した膜がふくれたりする症状。劣化による付着力の低下が原因

カビ・コケの発生

外壁のコケを放置するとカビに。外壁の劣化や汚れを付着させる原因になる

ALC

コンクリートを軽量気泡化した外壁材。断熱性、耐火性、耐久性に優れ、マンションなどに多くみられる。塗装が劣化したままだと防水性が乏しいため、内部からボロボロに。手遅れになると、下地補修からの復旧が必要となるので早めの再塗装が重要。

塗装目安 10〜15年

こんな症状に注意

チョーキング

外壁を手でこすると白い粉が付く症状。顔料が劣化して粉状になっている

紫外線による褪色

日当たりの良い箇所を見ると当初の外壁色が変褪色している症状

コンクリート壁

水とセメント、砂、砂利を混ぜたコンクリートは、最も強度のある外壁材。しかし、経年変化で防水効果が劣化すると、コンクリートの内部に水がしみ込み、専門的な改修が必要となるケースがあるので注意しよう。

塗装目安 10～15年

こんな症状に注意

クラック

塗膜の硬化や下地素材（躯体）が割れて起こる大小のひび割れのこと

鉄筋爆裂

クラックや打ち継ぎ目地などから雨水、炭酸ガスなどが侵入して、中性化が進行。内部の鉄筋を腐食して爆裂を発生させる。

トタン張り

外壁に使用されているトタンは、「プリント」といわれる木目調の塗装をされたものが多く、築30年以上の建物に多く使用されている。金属素材のため、防水性が抜群で耐久性にも優れているのが特徴。現在は外壁に使用されることはほとんどない。

塗装目安 7～8年

こんな症状に注意

反り

チョーキングにより、水をはじかず吸収したボードが表面から乾いて反る現象

白サビ

海の近くや、高温多湿な状況下で起きやすい現象で、白い斑点が外壁に現れる。これは、トタンの表面メッキに含まれる亜鉛が酸化して表面に出てきたもの。美観がかなり損なわれるので注意したい。定期的に水などで洗い流すと防止策になる。

羽目板

木材は乾燥収縮等が起こり、割れが生じる可能性があるため、厚みのある材料を使用することが大切。板の重ね部分が不十分だとつなぎ目から雨水が入り込むこともあり、外壁の変化を注視しながら、しっかりとしたメンテナンスが必要になる。

塗装目安 10～15年

こんな症状に注意

変色

屋外の木材は、紫外線と雨によりシルバーグレーに変色する

腐食

木材は微生物の餌となる成分で構成されているため、水分、温度、酸素の条件がそろえば、木材腐朽菌やカビなどが繁殖して生物汚染が生じる。寒さや直射日光に強い担子菌が原因で、乾湿の変化が激しい場所や寒暖差の大きい場所でもよく生育・繁殖する。

必ずプロに診断してもらおう！

「症状が出てきたので、時期なのかな」と思ったら、まずは近くのリフォーム会社へ。屋根・外壁・付帯部をしっかり時間をかけて診断してもらおう。できるだけ一緒に確認し、気になっている部分など

を伝える。また、屋根は目視では、確認できないところだからこそ重要。素材の劣化状況・割れなどを外装リフォームのプロに点検してもらおう。

外装の修繕時期を知る 屋根編

外壁と同様に、直射日光や雨風にさらされている屋根。
劣化に気が付きにくい分、早めの対応が必要だ。

スレート系（カラーベスト）

代表的な屋根の1つで、石質の薄い板を使用。劣化すると表面の割れや反り、屋根面の接合部の下地の腐食、板金を止めている釘の浮きが起こりはじめる。10年以上経つと汚れやコケが付いたり、色褪せも目立つようになるので、内部に腐食がないか点検をしてもらおう。

点検目安 7〜8年

こんな症状に注意

色褪せ
スレート系屋根材の色褪せは赤信号。天井裏の雨染みは屋根が傷んでいる証拠。

割れ
色褪せがさらに劣化するとひび割れや破損につながることがある。コケやカビが生えている屋根をよく目にするが、これが割れの原因に。スレート屋根材の劣化を放置し、そこに力が加わると割れて雨漏りが発生する。

セメント系

セメント瓦とは、セメントと川砂を1対2〜3の割合で混ぜたモルタルを、型に入れて形成し塗装したもの。紫外線・風雨・温度変化などで塗膜の劣化が進行すると、素材のセメントの劣化も早くなるので、もろくなる前に定期的なメンテナンスをおすすめする。

点検目安 10〜15年

こんな症状に注意

色褪せ
セメント系の屋根材は色褪せを起こすため、定期的な塗装が必要。

ズレ
瓦がズレていると、建物の中に雨水が浸入しやすい。放置すると躯体を傷め、建物の寿命を縮めてしまう。

割れ
塗膜が剥がれ表面に骨材が現れた状態はもろく、少しの力で割れてしまう。ここが雨漏りの原因に。

粘土系（瓦）

寿命が長く、色褪せがほとんどない粘土瓦。汚れがひどい場合は洗うか、部分的に交換するかを検討する。ズレや浮きがあれば、瓦を固定している屋根面の接合部の漆喰が崩れている可能性あり。コケや雑草を放置すると根から雨水を屋根に引き込む原因になる。

点検目安 20〜30年

こんな症状に注意

ひび・コケ
瓦の表面に細かいひびが入った現象を貫入（かんにゅう）という。小さなものは問題ない。

ズレ
漆喰が剥がれ、瓦が固定されていない。少しの衝撃で瓦が落ちる危険な状態。

金属系（銅板）

サビにくい金属として古くから使われている、最も安くて経済的な屋根材。銅は緑青（ろくしょう）が出て、緑色に変色すれば、それ以降長期にわたって使用できる。接する素材との組み合わせで劣化が早くなると言われているので注意が必要。

点検目安 10〜20年

こんな症状に注意

サビ
一度サビてしまうと、健全な部分にもサビが浸食。最後は穴が開いてしまう。

浮き
劣化すると板金を止めている釘の浮きや屋根材の割れ、反りが起こる。浮きを放置すると水分が浸み込む。台風や強風の後は、浮き上がったりガタついているところがないか、しっかりと点検してもらおう。

症状や対処法がさまざまな付帯部を知る
外装の修繕時期を知る 付帯部編

屋根や外壁と同じく紫外線や雨風にさらされている「雨どい」や
「ベランダ」などの付帯部のメンテナンスもお忘れなく。

雨どい

一般的に普及している雨どいはほとんどが塩化ビニール樹脂製か、少し耐久性を上げた合成樹脂製で、耐久年数はおよそ20年。雨どいの外側に塗装を行うことで美観性の向上や保護ができる。その場合、ケレン作業を行い、密着性を高めた上で弱溶剤系塗料を2回塗装する。

塗装目安 10〜15年

こんな症状に注意

剥がれ
経年劣化により塗装が剥げ、粉をふいたような状態になる。雨どいの外側に塗装を行うことで美観性の向上や保護ができる。雨どいの内側は塗装ができないため、劣化した場合は交換が必要となる。

詰まり
草やゴミがたまると詰まる。ゴミ詰まりが起きる場所は、屋根から落ちた雨水が集まる集水器が最も多い。

歪み
歪みや割れは塗装で解決できない。雨を受ける機能を発揮しなくなったときは、交換を行う必要がある。

ベランダ

バルコニーやベランダ、屋上は雨が直接入るため、雨漏りや老朽化が起きやすい場所。塗料を塗ることで保護効果はあるが、防水効果までは期待できない。これらの場所には、美観性より防水機能を備える必要がある。施工するなら、費用対効果の高いFRP防水がおすすめ。

塗装目安 7〜8年

こんな症状に注意

剥がれ
表面のグレーの塗料は、トップコートや保護塗料などと呼ばれ、FRP防水層を守るためのもの。塗膜のひび割れや剥がれによって、すぐに雨漏りすることはない。ただし、FRP防水層自体が割れてしまった場合は水が入り込む恐れがある。

詰まり
ベランダの排水口まわりを放っておくと、砂ボコリや枯れ葉などが詰まる原因に。定期的にゴミなどを取り除く必要がある。落ち葉などを取り除いた後は、1度バケツやホースなどで水を流し、細かい汚れも取り除いておこう。

鉄部

トタンや鉄骨、庇などの鉄部を塗り替える際に行われるケレン作業。ケレンとは、サンドペーパーや電動工具で、汚れやサビを落とす作業のこと。ケレンが不十分だと、塗料がうまく密着せず、後で塗装が剥がれてしまうこともある。ケレンが済んだら、サビ止め塗料を塗るのが基本。

塗装目安 10〜15年

こんな症状に注意

サビ

鉄部は外壁よりも耐久寿命が短く、放っておくとどんどん腐食が進行するので、劣化の初期段階で塗装が必要。

破損
鉄部のサビが進行し、破損を起こしてしまうと美観を損ねるだけでなく、強度や安全性も低下する。事故につながる恐れもあるため、早急な対応が必要だ。

木部

他の部材に比べると劣化が早い木部。外部に面している木部は、定期的な塗り替えが必要だ。施工は、汚れや塗膜をサンドペーパーなどで削り落した後、木材保護塗料を塗布。防腐剤が入り木目も残る「キシラデコール」や既存の木目を完全に隠す「ガードラック アクア」などの塗料がある。

塗装目安 10〜15年

こんな症状に注意

剥がれ
木の性質は、水分を吸ったり出したりしながら収縮する。そのため、他の部位に比べて劣化が早い。塗料の剥がれは劣化のサイン。美観性だけでなく木部自体の保護のために、定期的なメンテナンス（塗装）を行おう。

腐食
湿気や雨水が腐食の原因に。また、紫外線などのダメージを繰り返し受けることも腐食につながる。症状が進行すると住まいが内部から腐ってしまい、場所によってはシロアリの原因にもなってしまうので注意が必要だ。

わが家の劣化は現状どのくらい進んでるのか?

塗膜の劣化サイクルと最適な塗り替え時期

どの時点でリフォームを検討するべきなのか。
ここでは、図を使って劣化の進み方を紹介しよう。

十分耐候性がある※

艶がある
日光に当たると美しく発色している状態。

艶が落ちてくる
新築時の艶やかさはなくなっているが、防水効果はある。

リフォーム検討時期

変 色
色味が変わり、くすんだ印象をうけるようになる。

チョーキング
触ると白い粉が付く。防水効果が切れてきたサイン。

なぜチョーキングのタイミング?
塗料の防水効果がなくなったときに現れるのがチョーキング。築年数に関係なく、防水効果がなくなったまま放置しておくのは危険。

ひび割れ
雨水が入り込んで、下地が傷んでくる。補修が必要。

なぜひび割れのタイミング?
ひび割れを放置すると、建物内部の構造部分にまで雨水などが浸入。内部の鉄筋に腐食が起き、建物全体の強度が低下する。

早急に対応すべき

剥がれ
外壁材自体が外部にさらされ、急激な劣化につながる。

※耐候性・・・屋外における自然環境(紫外線、雨風、温度変化など)に対する耐久性のこと。

要注意

放っておくとこんなことに…
水分が家の中に浸透。家を支える土台は木でできているので、湿気がたまり腐ってしまう可能性も。防水効果が落ちると、家屋全体に悪影響を及ぼしてしまう。

同じ家でも劣化の速度は場所によってさまざま

日なたと日陰で症状が違う

外壁や屋根の劣化は、立地条件や環境によって変化する。
年数よりも、症状をよく見て、塗装が必要か否かを判断するべき。

南側

日差しによるひび割れが起きやすい

特に紫外線の影響を受けやすい南側。色褪せ、チョーキングの順に劣化がはじまる。チョーキングは防水性が失われているサイン。建物内部へ雨水がしみ込む可能性がある。また、サイディングのつなぎ目であるシーリングにもひび割れが生じるため注意しよう。

紫外線の影響で、ひび割れやチョーキングが起こりやすい。

適した施工
・劣化が進んだ既存塗膜は剥がれの原因となる。高圧洗浄で洗い落としてから塗装しよう。
・既存のシーリングや目地内のホコリなどをしっかり取り除き、新しいシーリングに打ち替える。

北側

湿気が多いためカビや藻に注意

日の当たらない北側は、コケや藻が発生しやすい場所。塗膜の劣化により外壁の防水性が低下すると、壁の表面にコケや藻が発生する。外壁や屋根を直接傷める原因ではないが、他の場所よりも多く水分を浴びているため、塗膜も劣化しやすいといえる。

日陰になり湿気がこもりやすい箇所はカビが発生しやすい。

カビ

適した施工
・コケや藻に効果的なのは、塗装前のバイオ洗浄。バイオ洗浄で殺菌し、塗装面をきれいにしてから塗装する。
・数年経つと再びコケや藻が発生する可能性があるので、塗料は「防コケ・防藻・防カビ」性能があるものを選択。

まとめ
同じ家でも、日なたと日陰では異なる症状が出る。点検するときには、外壁の一面だけを見るのではなく、建物全体をチェックすることが大切。

現場調査、契約、工事開始、完了までの注意点

外装リフォームのスタートからゴールまで

ここでは外装リフォームのスタートからゴールまでの流れを紹介。
各ステップのポイントもチェックしよう。取材協力／グッドハート株式会社

STEP 01 自己点検

外装は、気付かないうちに塗料が剥がれていたり、屋根が傷んでいたりするもの。年に1度は自宅の自己点検を行おう。早めのチェックは、必要な修理やリフォームにかかる経費を抑えるためにも重要だ。

STEP 02 会社選び

信頼できる会社を選べるかがリフォーム成功の大きなカギ。じっくり話を聞いてくれる営業マンと話し合いを重ねよう。ご近所での評判も参考に。また、地元の会社ならアフターフォローの面でも安心できる。

STEP 03 現場調査

現場調査は、リフォーム会社の担当者と一緒に確認しておくと、報告書を見たときに症状や提案内容を理解しやすい。現場調査なくして、正確なリフォーム提案と見積もりはできないことを覚えておこう。

STEP 04 見積もり

注意すべきは、使用する塗料のランクや具体的にどこまでの工事が含まれるかなどの詳細が分からない「一式見積もり」。契約前には、必ず具体的なリフォーム内容や支払い方法などを確認する必要がある。

年に1回など
定期的に自分の目で
点検をしよう

家をぐるりと一周して見回したり、実際に触れてみながらチェック

不安なことを質問。丁寧に応えてくれる安心感のある担当者を選びたい

塗装やコストについて学べる「外壁セミナー」などに参加してみよう

会社の雰囲気などを確認するならイベントに参加するのも良い

プロの目で
しっかりチェックを
してもらおう

リフォーム会社に任せきりにせず、気になることは積極的に質問しよう

わが家の症状を理解し、最適な施工方法を選択

しっかりとした診断書・見積書を出してもらえるかが、外装リフォームの成功の秘訣

出合いから
工事完了まで
およそ
2～3カ月

STEP 05	STEP 06	STEP 07	STEP 08
契約	工事前	完成	アフター

契約書では「工事名、場所、期間、契約金額、支払い条件、正式な見積書、保証内容」を確認。また、支払いは工事開始前と工事完了後にするのが一般的だが、会社によって異なるので、契約時に確認しよう。

工事の直前には、家の周囲の整理や植栽の移動、工事の足場スペース、業者車両の駐車場の確保など、担当者と事前に打ち合わせをしておこう。施工会社が同行する、ご近所への挨拶回りも忘れずに。

工事が完了したら、契約通りのリフォームができているかを自分の目で確認。トラブルが起きないように、必ず担当者に立ち会ってもらおう。確認できたら残りの支払いを済ませよう。

リフォームの効果を保つためにも、定期的なメンテナンスが不可欠。特に、保証期間内のアフターフォローについて、よく確認しておこう。塗りムラなどが見つかった場合などは、至急会社に連絡を。

住まいの理想像を
担当者と共有

頭の中のイメージを色見本で確認。施工後は塗り替えができないので慎重に

しっかりと養生を行い、ご近所へ塗料が飛び散るのを防ぐ

工事前にご近所へ
一緒にご挨拶に
行こう

工事前には、担当者と一緒にご近所に挨拶に行くのがマナー

\完成／

見違えるほどきれいになったわが家。毎日、帰るのが楽しみに

保証書は
大切に保管

保証書などは、次回のリフォームのためにもしっかりと保管を

1つ1つの作業に重要な意味がある

外壁塗装の正しい施工工程

どんなに優れた塗料も、正しく作業しなければその性能を発揮できない。
ここでは、正しい施工工程を女性のお化粧に例えて分かりやすく解説。

お化粧

■ 準 備	■ 洗 浄	■ 下地処理	■ 塗 装

ドレッサー
まずは必要なものを、整理しながらしっかり準備

洗 顔
石けんで汚れを浮かし、きれいな水で洗い流す

化粧水
皮膚を保湿して、肌の調子を整える

保湿クリーム
肌と化粧品が密着するよう、肌の表面を滑らかに

外壁塗装

養生
安全確保のため、まずは足場を組む。洗浄水や塗料の飛散防止のため、メッシュネットなどで覆う

バイオ高圧洗浄
汚れを洗い流す。大切な下地処理の一部で、ここが不十分だと塗り替え後、剥がれなどの原因に

下地補修
ひび割れのシーリング処理や剥がれた塗料の除去、サビ止めの塗布などを行い、下地を調整

下塗り
素材と塗料の密着をよくするために行う作業。本塗装の発色も良くする

CHECK POINT

**汚さないために
カバーできているか**

「養生」とは、シートを敷いたりビニールを張ったりして、塗装しない部分を覆うこと。ローラー塗りでも細かい飛沫が生じるため、塗装箇所以外を汚さないために行う。

CHECK POINT

**ベースをきれいに洗って
傷を丁寧に補修する**

ベース＝外壁材がきれいになっていないと、何を塗っても剥がれてしまう。まずは、汚れを落とし、水で洗い流してきれいにする。傷はそれぞれにあった方法で補修。

CHECK POINT

**塗料を塗る前の
下準備が大切**

壁面のホコリやゴミ、サビ、浮き上がった古い塗膜などを取り除くケレン作業。サンドペーパーや電動工具などを使って行い、上塗り塗料の密着を高める役割を担う。

CHECK POINT

**長持ちの秘訣は
丁寧で適切な下地補修**

ひび割れや欠損を処理する下地補修は、時に塗装作業より時間がかかることもある。適切な処理がリフォーム後のきれいを持続させる秘訣。

Advice

近隣への挨拶を担当者と一緒に行う理由

ご近所に、施工中のご迷惑とお詫びを兼ねて挨拶に行くときは、施工会社の担当者と一緒に訪問するのがベスト。何かあったときの窓口として、心強い存在になるからだ。その際、洗濯物干しなど、施工期間中の注意事項を説明してもらおう。

施工期間は
およそ
2〜3週間

■ 付帯部の塗装   ■ 確　認

化粧下地
ベースになる色味を、整った肌に塗っていく

ファンデーション
1番人目に触れる部分。仕上げは丁寧に

口紅・アイメイク
印象が変わるポイント。急いでいるとおろそかに

鏡チェック
ムラがないか、きれいに仕上がったかをチェック

仕上げ塗料❶
下塗りと上塗りの中間に塗りつける層。中塗りといい、平滑な下地をつくったり、上塗り剤の補強が目的

仕上げ塗料❷
中塗りと同じものを塗り、塗りムラをなくし、厚みをつけることで機能性を高める。2度塗りで耐久性を確保

付帯部分
外壁、屋根以外の雨どいや通気口、鼻隠し、破風など、付帯部の施工も忘れずに

点検・養生解体
仕様書と照らし合わせながら、仕上がりを確認。施工不備がないか、思った通りに仕上がったかをチェック

CHECK POINT

何回塗装するのかを事前にしっかりと確認

塗り残しやムラをつくらないためには、数回に分けた丁寧な塗装が必要。見積もりの段階で、何回塗るのかを確認し、明文化しておくと安心だ。

工事中の心得7カ条

①作業時間は8:00〜18:00
②お茶出しは特にしなくてよし
③気になることはすべて伝えるべし
④ペットや植栽など大切なものはよけるべし
⑤洗濯物は片付けるべし
⑥後片付けできているかチェックすべし
⑦変更点は口約束でなく、書面で残すべし

工事がはじまると塗装職人や板金職人など、さまざまな人が家を出入りする。工事をスムーズに進めてもらうためにも、外まわりは整理整頓しておこう。また、リフォームには予測できないことが起こることもしばしば。トラブルを回避するためにも、変更があった場合は口頭確認ではなく、書面を交わしておくと安心だ。

塗料だけでなく下地処理にもこだわりを

塗装を長持ちさせる秘訣は洗浄にあり

さまざまな要因で汚れている外壁。こうした汚れを完全に落とさないまま塗装すると、
どんなことが起こるのか。塗装を長持ちさせるために欠かせない「洗浄」について学んでおこう。

洗浄せずに塗装すると塗料は1~2年で剥げる!?

外壁塗装で最も重要な工程が下地処理。その1つに高圧洗浄がある。強い圧力によって噴射される水で、剥がれかけの塗料や藻、コケ、汚れなどを洗い落とす。メリットは塗装する際に、塗料をより外壁材に密着させることができ、塗料が長持ちする点。しかし、洗浄は目で見て分かりにくいため、いい加減に洗浄したり、洗浄後にしっかりと乾燥しないまま塗装すると、さまざまな不具合が起きてくる。洗浄が不十分だと数年で塗装が剥がれてしまうこともあるので注意しよう。

汚れをしっかり落とさないと、どんなに良い
塗料を使っても、1~2年で剥げる。

根深いカビやコケにはバイオ高圧洗浄が効果的

外まわりの汚れは、カビやコケなどの雑菌によるものが7割を占める。これには、根こそぎ洗い落とすバイオ高圧洗浄が効果的だ。木材、石材、タイルなどあらゆる素材に使用でき、通常の高圧洗浄では落としきれない0.01mmにも満たないピンホール（穴）に潜んでいるカビや藻、旧塗料などを徹底的に落とすことができる。しっかり汚れを落とすことで塗料の密着性が上がり、塗料の性能が格段に長持ちする。また、殺菌消毒作用により、美観が継続するメリットもある。

ただの水で洗うだけの「高圧洗浄」ではなく、
「バイオ高圧洗浄」でしっかり汚れを落とすべし。

まとめ 洗浄が不十分だと、性能のいい塗料を塗っても、数年で剥がれたり
機能を発揮できなかったりする。塗料だけでなく、下地処理にもこだわろう。

部位別実例

ブロック塀

ブロック塀の汚れを塗装前に徹底的に除去。カビを根こそぎ落として、カビの再発生を防ぐ

木 部

木の羽目板や下見板は吸水性があるのでカビが発生しやすい。洗浄すると真っ白に

屋 根

カビやコケの根が奥までこびりついているスレート系屋根材にはバイオ高圧洗浄が効果的

バイオ高圧洗浄の施工手順

Step1	Step2	Step3	Step4	Step5

材料の準備

高圧洗浄機、大きめのバケツや桶が2つ、ゴムホースなどを用意

養 生

照明や電気機器など濡らしてはいけない部分をビニールで養生

水養生

洗剤が浸透しやすいように、洗浄面を水でたっぷりと濡らす

洗剤散布

洗浄面全体に洗剤を散布。汚れに応じて洗剤の希釈割合を変える

水洗い

洗剤散布後5～10分反応させてから水で一気に洗い流す

飛散する可能性があるため、作業を行う前に近隣の方にご挨拶を。

工期は、半日～1日

建材・部位別の洗浄方法

■モルタル
カビの根が塗装内部まで入り込んでいると除去しきれないことも。無理に高圧洗浄で取ろうとすると、塗膜が剥がれたり削れたりすることもあるので注意

■サイディング
チョーキングが激しい場合は、粉を水洗いで落とさないと塗料が剥げる要因に。これは、チョーキングがブロックして塗料が密着していないのが原因

■鉄 部
外壁以外にも、アルミサッシなどにカビがこびりついていることも珍しくない。高圧洗浄できれいになるので、外壁と一緒に洗浄してもらおう

住宅まるごとクリーニング

外壁リフォームを行わなくても、バイオ高圧洗浄を行っただけで新築時を思い出すようなきれいな美観になる

補修なくして成功なし！

傷んだ下地は補修してから塗装するべし

長時間、紫外線や雨風にさらされる外壁は経年劣化が避けられない。
外壁の場合、その劣化を見逃さず、適切な処理をしてから塗装することが重要。
劣化の程度や素材によって異なる補修方法を整理しておこう。

モルタル編

モルタルは経年劣化によるクラックが発生する素材

モルタルは、水を使って砕石と砂を合わせ、乾燥させてつくられるため、モルタル自体の収縮や構造木材の乾燥収縮などによって、表面に微細なクラックが発生しやすい素材である。特に日がよく当たる建物の壁など面積の大きい面では、乾燥収縮による亀裂を防ぐことは難しい。また、夏の建物の膨張と冬の収縮を繰り返して大きくなったクラックから雨水が浸入すると、鉄筋全体の体力がむしばまれてしまう結果に。

■モルタルの外壁構造

間柱
柱
クラック
構造木材の乾燥収縮やモルタル自体の収縮でできるひび割れ。これは、防水効果切れの赤信号で、このような隙間から、雨水などが浸入するので注意。
ワイヤラス
防水シート
耐水合板

小さなヘアークラックは「刷り込み」による補修で解決

ヘアークラックとは、髪の毛ほどの幅（0.2～0.3mm以下が目安）の細くて浅いひび割れのこと。小さなヘアークラックでも補修は必須。塗装だけではその場しのぎになってしまい、数年もするとクラックの跡が出てきてしまう。ヘアークラックを補修する場合は、下塗り剤による「刷り込み」工程が必要。微弾性フィラーやセメントフィラーなどの下塗り剤を、ラスターなどの硬い刷毛を使ってクラックの中に刷り込んで補修する。

■ヘアークラック

0.2～0.3mm以下の細くて深さのあまりないクラックのこと

微弾性フィラーの刷り込み

微弾性フィラーなどの下塗り剤を、硬い毛の刷毛を用いてクラックの中に刷り込む

微弾性フィラー
外壁断面
ヘアークラック

危険度の高い構造クラックはプライマー＋シーリング材で補修

幅が0.3mm以上で、深さが5mm以上ある大きなクラックを「構造クラック」という。放置すると基礎の強度が低下し、建物を支えられなくなる危険も。構造クラックの場合、微細な地震などの要因でひびが動くことがあるため、まずは弾力性の高いシーリング材でひびを埋めることが大切だ。手順は、シーリング材が十分充填されるよう、クラックを工具でV字にカット。そこにプライマーを塗布してシーリング材を充填する。

■構造クラック

クラックの幅が0.3mm以上で深さが5mm以上ある大きなクラックのこと

クラック部をV字にカットし、プライマー＋シーリング材で補修

シーリング材を中まで充填させるため、クラックをV字にカット。プライマーを塗布してシーリング材を充填

シーリング材
外壁断面
構造クラック

シーリング材とは

シーリング材とは建物の防水性や気密性を保持するために、継ぎ目や隙間に充填する材料。シーリングが劣化すると雨水が壁の中に入り込み、劣化を加速させる可能性もある。高耐久塗料とシーリング材はセットで考えなければならない。

サイディングの間

窓まわり

シーリングの役割は防水　寿命…通常3〜5年

サイディング編

塗料の高性能化に合わせて
シーリング材も進化

サイディングは、つなぎ目にシーリング材を使用している場合が多く、10年も経つと劣化しシーリングがひび割れてくる。劣化の目安は、隙間ができていたり、押さえてみて弾力のない状態であるとき。使用環境によって異なるが、10年ほどで改修を行う必要があるだろう。近年では、高性能塗料の登場に伴って、シーリング材の性能も高耐久にグレードアップしている。塗料に合わせて、シーリング材も高耐久性なものにしたい。

■サイディングの外壁構造

離柱

柱

シーリング
目地のシーリング部分がひび割れていたり、剥がれて隙間ができていることも。このひび割れから雨水が染み込み、内部まで傷めてしまう危険性がある。

防水シート

コーナー金物

■シーリングの劣化進行度

劣化の度合い

軽度

硬化
劣化の進行度が最も軽い状態。触ると弾力がなく、硬くなっている

中度

亀裂・ひび
劣化が中度まで進んだ状態。雨漏りが発生することも

重度

剥がれ・隙間
シーリングが剥がれると劣化も重度。隙間から雨水が建物内に入り込む

最終

完全な剥離
劣化の最終段階まで進むと、完全にシーリングがなくなってしまう

■シーリング施工の流れ

放置すると建物本体の劣化も加速させるシーリングの劣化。施工の流れを簡単に説明するので頭に入れておこう。

「増し打ち」ではなく「打ち替え」がおすすめ

基本的にはしっかり密着し、雨漏りを防ぐことにつながる「打ち替え」が良いとされている。既存の上に新しいものを充填する「増し打ち」は、打ち替えよりも施工の手間がかからないので安価だか、性能性が確保できるかは保証できないので注意が必要だ。

既　存
雨風、紫外線などにより劣化しているシーリング部分

1.切り取り
既存の目地内部のシーリングをカッターなどで取り除く

2.除　去
取りやすくなった古いシーリングをラジオペンチなどで除去

3.プライマー塗布、養生
シーリング材を充填する部分に沿って養生テープを張る

4.充填、乾燥
シーリング用のヘラで押さえながら仕上げる

完　了
養生テープを剥がして施工が終了

耐久年数30年の高耐久シーリング材で長持ちさせよう

ここでは、耐久性が30年続くといわれる高耐久シーリング材の特徴を紹介。
さまざまな機能を持つ高性能塗料の登場に合わせてシーリング材も進化している。
高機能なシーリング材についても理解を深めよう。

シーリングの常識を覆す高機能シーリング材が登場

シーリングには3つの特徴がある。1つ目は経年変化で硬くなること。軟らかくして形を変えやすくするための「可塑剤」が硬くなり、切れや劣化の発生を促進させてしまう。2つ目の特徴は、種類によって耐久性に違いがある点。3つ目は長持ちする秘訣が高耐候である点。日々、紫外線等のダメージを受けているシーリングは、劣化するとひび割れが発生。紫外線や雨に対する強さ、いわゆる耐候性の違いが長く使用できるかを大きく左右する。近年では高機能塗料に合わせて、シーリング材も進化。高耐候性ポリマーを配合し、長期間柔軟なシーリングを保つことができる「ジョイントエンペラー」などが登場している。

■高耐久シーリング材「ジョイントエンペラー」の成分

ジョイントエンペラー
- 樹脂（50%）
- 材料のかさ増しとしてカルシウム剤等（20%）
- 劣化を防ぐために入れられている薬剤（20%）
- 高分子希釈剤（10%）

高耐候性ポリマーがたっぷり含まれている

一般的なシーリング
- 樹脂（25%）
- 可塑剤（25%）
- 材料のかさ増しとしてカルシウム剤等（50%）
- 劣化を防ぐために入れられている薬剤（微量）

劣化の原因となる可塑剤が含まれている

■引っ張り接着性試験による耐久性比較

高耐久シーリング材

試験前　　ジョイントエンペラー

一般的なシーリング材

ブチッ
伸びない…

「ジョイントエンペラー」は「可塑剤」を使用せずに、驚異の柔軟性を実現。劣化の原因となる「可塑剤」をなくしつつ、高分子希釈剤を使用することで、硬くなりがちなシーリングに柔軟性を持たせることに成功した。

■美観の維持

水・熱・紫外線などの劣化分子に対して長期的に耐えることができ、より長く美観を維持。サンシャインウェザーメーターによる促進耐候性比較試験を行った

試験時間	1,000時間	2,000時間	6,000時間
ジョイントエンペラー			
一般的なシーリング材			[試験体崩壊] 評価不能
想定年数	5年	10年	30年

手間がかからない高耐候性を維持

サンシャインウェザーメーターで紫外線・温度・湿度などの屋外の条件を人工的に再現し、劣化を促進させ、製品、材料の寿命を予測する設備で耐候性を調査。2,000時間後には、一般的なシーリング材と大きな違いが現れた
※ジョイントエンペラーは6,000時間まで問題なかった

■塗装後の経年汚染性比較

一般的なシーリング材は、時の経過とともに可塑剤が抜けて硬くなる。また流出した可塑剤は汚れの原因に。「ジョイントエンペラー」なら長期間柔軟なシーリングを維持

ジョイントエンペラー　　　一般的なシーリング材

汚染

塗料の美観を邪魔しない塗装性

可塑剤などの流出成分を含まないので、仕上げ塗装を侵すことなくきれいな外観を実現。塗装性に優れ、塗装をしても塗料の美観を妨げない

3回塗って耐久性アップ!
塗装の鉄則は「3回塗り」

外壁塗装は「下塗り」「中塗り」「上塗り」の3回塗りが基本。
どれも塗装後の美観や耐久性を左右する重要な工程といえる。
それぞれの工程の役割と必要性を知っておこう。

塗り残し防止や
耐久性を上げるために

下塗りは上塗りを長持ちさせ、きれいに仕上げるために必要不可欠。上塗り材は耐候性、低汚染性、防カビ・防藻性などの機能を持つが密着性に欠けるため、接着剤のような役割を持つ下塗り材が必要となる。中塗りと上塗りでは同じ塗料を使用。人の手で行う塗装には限界があり、1回の上塗りでは、かすれや薄い部分が出てきてしまう。2回目の上塗りを行うことで、完全な外壁・屋根塗装に仕上げることができるのだ。「3回塗り」は耐久性の面でも美観の面でも必要な作業だといえる。

1回目 下塗り（シーラー）
↓下地と塗料の密着性をUPさせる
←シーラー
←下地

2回目 中塗り
↓
←塗料
←シーラー
←下地

3回目 上塗り
↓耐性UP、塗り残し防止
←塗料
←塗料
←シーラー
←下地

■下塗り塗料の種類と特徴

下塗り材にも目的と用途に合わせて、豊富な種類が存在。最近ではさまざまな機能を備えた微弾性フィラーが主流で使用されている

□プライマー
上塗りとの密着効果を高める接着プライマーや、鉄材などに塗るサビプライマーなど、機能に応じた種類がある

□シーラー
上塗り材が下地に吸い込まれてできるムラを抑えるためにシールする役目を持つ。プライマーとシーラーはほぼ同じ目的の下地調整材

□サーフェイサー
中間に塗ると、サンドペーパーなどで平坦化する作業を軽減。上塗り塗料の重ね塗りもできる

□フィラー
下地の凹凸やヘアークラックなどを補修する場合に使用

□微弾性フィラー
最近主流の下塗り材。通常のフィラーよりも膜厚を付けることが可能。水性で環境に優しく、クラック補修もできる

■3回塗りの工程

塗膜の厚みを十分に確保し、長期にわたって美しい外観や性能を保持するためには、
下塗りと中塗り、上塗りに分けて施工する3回塗りを知っておこう。

下塗り	中塗り	上塗り	チェック!
			塗りムラがないかはココでチェック!
既存塗膜や下地の状況に応じて下塗り材を選定して塗装	長く美観や機能性を保持するために、塗膜の厚みを十分確保する	事前打ち合わせで決められた色の塗料を塗装して完成	中塗りと上塗りの塗料を、同じ種類の違う色で塗ってもらえば、1工程を省くような手抜きや塗りムラを見抜ける

リフォームの死角になりがちな屋根

雨漏り対策の肝・屋根を守る

リフォームをするときに、意外と忘れられてしまうのが屋根。
建物の中で最も過酷な環境にさらされている屋根こそメンテナンスが必要だ。

外壁よりも過酷な環境：屋根は家を守る大切な場所

目の届かない屋根こそ定期的なメンテナンスを

壁の傷みや設備の不具合には気付いても、屋根までは目が行き届かないもの。屋根は、紫外線や熱、雨風を直接受ける過酷な環境に常にさらされるため、家の中でも最も傷みやすい場所の1つだ。屋根の劣化が原因で構造材が腐食を起こしてしまうケースもあるので早めのメンテナンスを心掛けよう。

屋根の主な雨漏れ原因

①家を建てたときの施工不良
施工業者の未熟な工事→築年数が浅い場合は施工してもらった業者に早めに相談しよう。

②屋根の劣化
築10数年が経ち、屋根材が劣化した箇所から雨水が浸入。

③屋根の破損
台風による屋根飛散や、地震による瓦破損など損傷箇所から雨水が浸入。

④雨どいの詰まり
雨どいからあふれた雨水が壁などから内部に浸入。

⑤太陽光発電や温水器設置箇所から
穴を開けて設置したため、不適切な処理やシーリングの劣化箇所から雨水が浸入。

屋根塗料

屋根塗装に適した高機能な塗料が主流

屋根塗料の主流は、高機能でコストパフォーマンスに優れるシリコン樹脂と約15年の耐久年数を誇るフッ素樹脂。さまざまな種類があるので、じっくり吟味しよう。

■屋根塗料いろいろ

屋根の塗料も選択肢が多い。
ここでは3つの代表的な塗料を紹介。

・シリコン
1番主流の塗料。紫外線に強く、汚れも付きにくい。耐久年数は約10年でコストパフォーマンスも高い。

・フッ素
値段は高価だが、ほかの塗料に比べ約15年という抜群の耐久性がある。光沢もあり美しく仕上がる塗料。

・ガイナ
夏の熱気だけでなく、冬の冷気も断熱する遮・断熱性を備え、節約効果も期待できる。耐久性も安心の約15年。ほかにも防音などの機能がある。

施工上の注意点：屋根材が重なる部分に隙間をもたせる

例えばコロニアル屋根は、ベニヤ板の上に防水シート、その上にコロニアル屋根瓦という3層構造になっている。しかし、塗装工事で屋根材同士の隙間がなくなると湿気の通気がとれず傷みの原因に！ そこで次のような施工が必要になってくる。

■適切な隙間で湿気を逃す

丁寧に施工しても、屋根材と塗膜がくっつくことはなかなか避けられず、外へ逃がせない湿気や雨水が内部に浸入し、ベニヤ板を腐食させて雨漏りの原因にもなりかねない。よって、最終工程として屋根瓦の重なり部分を1枚ずつ切る「縁切り」の作業が不可欠。

■屋根を傷つけない"タスペーサー"

縁切りの代わりに屋根材の間に「タスペーサー」といわれる部材を差し込み、適切な隙間を確保する方法も。縁切りでは瓦を傷つける可能性が大きいのでタスペーサーの設置が有効。平均1,000個前後必要だが、作業時間は2～3時間で済む。3～5万円のコスト増が見込まれる。

Before　After

屋根＋外壁セットにすればリフォームがもっとお得に

屋根＋外壁セットで足場代を削減

リフォームは、本体の工事以外にも必要な費用がある。
それを節約するには、できるだけ工事をまとめて行うことがポイントだ。

屋根＋外壁リフォームで "消え物"の代金を節約

屋根リフォームには屋根そのものの工事費用のほかに、足場組み立てと撤去工事費用が必要になる。この費用は、何か形が残るものではないため、いわば"消え物"の代金。屋根リフォームのためだけに支払うのはもったいない。結局、屋根も外壁も新築時に同等グレードの塗料が使われているため、どちらもメンテナンスが必要な時期は同じ。"消え物"の代金を考えると、外壁と屋根のリフォームを一緒に行う方がお得ということになる。

外壁・屋根リフォームの足場代の比較

[外壁と屋根を別々で行った場合]

外壁塗装	
足場代	20万円
洗浄剤	10万円
塗装（壁）	80万円
付帯工事	20万円
合計130万円	

＋

屋根塗装	
足場代	20万円
洗浄剤	10万円
塗装（屋根）	40万円
合計70万円	

＝

[130万円＋70万円]
合計
200万円

[外壁と屋根を一緒に行った場合]

外壁・屋根塗装	
足場代	20万円
洗浄剤	10万円
塗装（外壁・屋根）	120万円
付帯工事	20万円
合計170万円	

＝

合計
170万円

30万円の差額!!

足場系リフォーム

足場をかけたら徹底活用

"消え物"代を節約するため、足場絡みの工事はできるだけまとめて行うことが大切。屋根や外壁以外にも、足場が必要になる工事があるので確認しておこう。

■足場が必要なリフォーム

○外壁の塗り替え・サイディング工事

○屋根の葺き替え・塗り替え（緩勾配の屋根は不要）

○雨どい交換

○破風や軒天の工事

○太陽光発電システムの取り付け

○高所の窓、雨戸の交換・取り付け

○高所の庇、霧除け工事

○そのほか、高所の外壁を補修する工事が絡むもの　など

■屋根塗装の流れ

屋根塗装も下地処理の良し悪しで品質が決まる。塗装が剥げないよう、また、塗料本来の機能を十分に発揮させるためにも、下記のように下地処理を着実に行うリフォーム会社を選びたい。

①足場仮設・養生
安全に作業ができるようにしっかりとした足場を組み、塗料が周囲に飛散しないよう、まわりに飛散防止のためのネット張りを実施。

▶

②高圧洗浄
屋根に付着したカビやコケ、ホコリなどを高圧洗浄で洗い流す。通常は60～100kg/㎠の圧力だが、傷み具合などによって調整。

▶

③下地補修
欠損部分やひび割れを補修。塗膜の脆弱部やサビを落とす「ケレン」という作業を慎重に行うことで、屋根塗装工事の品質を向上。

▶

④下塗り
下地と上塗り材の密着力を高める役割を果たす専用の下塗り材「シーラー」を塗る。劣化した屋根材に浸透し、既存屋根材を強化。

⑤中塗り
塗料は1度で塗るよりも2度に分けて塗る方がきれいに仕上がるため、下塗り後に再度塗料を塗布。

▶

⑥上塗り
上塗り塗料を塗る。これで劣化した既存の屋根材をしっかりと強化し、長持ちさせる。中塗りと上塗りは基本的に同じ塗料を使用。

▶

⑦縁切り
スレートなどの場合、雨水が屋根の隙間にたまるのを防ぐため、屋根材同士の間にタスペーサーを入れる。

▶

⑧足場解体
塗料飛散防止用のネットを取り外し、組んだ足場を解体。

見積もりの良し悪しは塗料名、面積、数量で判断

リフォームを成功させる見積書とは?

見積もりで「一式」と書いている場合は、正しい面積や数量が分かりにくい。
親切で分かりやすい見積書は、詳細項目が記載されている。

取材協力/株式会社スマートプラス

現場調査

満足いく外装リフォームは現場調査なしにははじまらない

ネットでもリフォーム会社を探せる時代。便利になった一方、安易に施工を決めてトラブルになるケースも増えている。原因は、現場を事前に確認しないこと。現場調査は会社が詳細な見積もりを提出するために大切な工程で、これなくして正確なリフォームプランと見積書はありえないのだ。

通常、現場調査は1時間から長くても2時間が目安。住まいの問題点を正確に把握するために、必要な時間と言える

平米計算

信頼できるリフォーム会社は見積もりに塗装面積を記載

金額を判断する上で見るべき箇所は、「塗装面積の把握」。しっかりと塗装面積を見積もりに落とし込んでいる会社は、信頼できると言ってよい。また、窓やドアなど、塗装を要しない箇所が含まれていないかもポイントだ。数値の根拠もなく、一式と書かれた見積もりは金額の基準がつかないため判断が難しい。

外壁1	
面積	57.27 ㎡
開口	25.69 ㎡
雨樋塗装（縦）	1.78 ㎡
雨樋塗装（横）	6.01 ㎡
基礎塗装	6.01 ㎡
シール打ち替え	52.01 m
シール増し打ち	59.33 m
屋根1	
面積	21.49 ㎡
軒天面積	13.82 ㎡
破風・鼻隠し	6.9 ㎡
ベランダ床	11.84 ㎡
庇	1 個

南立面

窓やドアなど、塗装を必要としない開口部が差し引かれているかをチェックしよう

外壁1	
面積	40.12 ㎡
開口	6.64 ㎡
雨樋塗装（縦）	1.37 ㎡
雨樋塗装（横）	4.1 ㎡
基礎塗装	5.58 ㎡
シール打ち替え	33.55 m
シール増し打ち	28.4 m
屋根1	
面積	13.52 ㎡
軒天面積	9.47 ㎡
破風・鼻隠し	4.74 ㎡

西立面

外壁や屋根だけでなく、雨どいやシーリングなどの付帯部分も測定されているか、要確認

まとめ
正確な見積もりを提出してもらうためには、現場調査が必要。
また、塗料名、面積、数量など数値の根拠があるかを確認しておこう。

診断書の例

診断はリフォームの品質を左右する重要な工程。ここでは、外壁や屋根、付帯部について、実際の診断書にどのような記載がされるかを紹介する。

浮き・反り状況

外壁材に一部反りが見受けられます。反りを予防するために部分的に専用ビスで固定をする必要があります。

軒天状況

北面軒天部分に雨染みが見受けられます。高圧洗浄の際、原因を特定させ作業を行う必要があります。また、2階部分には一部割れも見受けられるので、しっかりと補修してから専用塗料で塗装いたします。

チョーキング現象

紫外線による影響から塗膜の結合が弱くなり、塗料の剥がれを示すチョーキングが発生しております。しっかりとバイオ高圧洗浄で汚れを落とし、塗装をする必要があります。

バルコニー状況

既存バルコニーはFRPです。劣化が進んでおり、剥がれが見受けられるため今回のタイミングで防水専用塗料を施工することを推奨いたします。
FRP…樹脂を繊維で補強させた繊維強化プラスチックのこと

カビ・コケ発生状況

外壁材に関して、建物の通気状況も良くカビやコケが発生しているところは見受けられませんでした。

シーリング

シーリングの劣化が進行しております。今回のタイミングで目地部分は打ち換え・サッシ部分は片カット打ち替えをすることで雨水の浸入を阻止し、お家を長持ちさせることができます。

笠木状況

経年変化の影響により笠木部分の釘が抜けている箇所があります。抜けている箇所は専用ステンレスビスで打ち替えを行い、ポリウレタン系シーリングで補修をし、塗装をする必要があります。

ベランダ笠木

ベランダ笠木のつなぎ目のシーリングが劣化しております。こちらも打ち換えをきちんとすることで雨水の侵入を阻止し、お家を長持ちさせることができます。

正確な見積もりをチェックする

見積もりを確認する上で大切なチェックポイントを伝授。見積もりの見方を把握して、信頼できる会社に工事を依頼しよう。

会社選びの前に知っておきたい。
リフォーム会社と塗装会社の違い

塗装会社 ＝ 皮膚科の医院

病院に例えると、塗装会社は皮膚科というイメージ。塗装のみを専門的に施工するため知識も豊富で、専属の職人に施工してもらえるという安心感もある。しかし、リフォームには外壁や屋根をきれいにするだけでは解決しない問題を抱えていることもある。塗装を専門にしている場合、その他の提案ができるかどうかは会社によって異なる。

リフォーム会社 ＝ 総合病院

専門性の高い塗装会社が皮膚科なら、リフォーム会社は総合病院。外装リフォームだけでなく、家全体をリフォームの対象として見てくれる。劣化具合や問題点に合わせて、葺き替えやカバー工法など、塗装以外の処方箋を出すことができるのも魅力。水回りなどのリフォームも依頼できるので、住まい全般のかかりつけ病院としての役割も担う。

塗装会社 　　　 皮膚科

リフォーム会社 　　　 総合病院

契約を交わす前に会社の把握を。
信頼できる会社と判断するポイント

①何かあったらすぐに対応してくれるか

リフォームには予測不能なトラブルや出来事がつきもの。そんなとき、依頼した会社が迅速に対応できるかがポイントになる。地元で実績のある会社は、安心感が高い。

②ご近所の評判は良いか

近所で外装リフォームをしている人がいるのなら、その評判を聞いてみよう。その会社の信頼感、営業担当の人柄、職人の仕事ぶりまで分かってくる。生の声を集めよう。

③常に新しい情報を発信しているか

最新の塗料や屋根材、塗装方法などが次々と開発されている外装リフォーム。こうした新しい情報を積極的に取り入れ、顧客へ発信しているのかも会社を見分ける重要なポイント。

④アフターフォローは万全か

不具合を未然に防ぐため定期的にコンタクトを取ったり、不具合があったときにはすぐ対応してもらえることは、とても大切。定期点検や保証の有無を必ず確認しよう。

耐久性・コスト・性能を究めた 最高の塗料

断熱・遮熱塗料
「ガイナ」

P36〜

超耐候性塗料
「スーパー
ムキコート」

P40〜

高性能塗料
「アステック
ペイント」

P46〜

超耐候性塗料
「無機ハイブリッド
チタンガード®」

P52〜

完全保存版
塗料比較表

P58〜

塗料の選び方

P60〜

塗料の知識

P64〜

塗装するならコレに注目!

『できたらいいな』が一つの塗膜に
塗るだけで夏は涼しく、冬は暖かい
地球にやさしい省エネ技術

「ガイナ」

塗布するだけで断熱、遮熱、防音、不燃などの効果がある
断熱セラミック塗材「ガイナ」。
その品質はロケット技術から応用され
JAXA（ジャクサ）とライセンス契約をするほど。
「ガイナ」は季節や天候に関係なく、
昼も夜も快適な暮らしを約束し、環境改善に寄与する。

Point

「断熱性・遮熱性・保温性」で夏は涼しく、冬は暖かい室内環境を実現。
そのため、年間を通して高い省エネ効果を発揮できる。

マイナスイオンと帯電性ゼロの性質で、空気中を漂う汚濁物質が付着・浮遊しにくくなる。
それによって、室内環境を改善し、消臭効果も発揮する。

大量のセラミックで隙間なく覆われているため、
効率よく音を反射するだけでなく、制振効果によって音を軽減できる。

結露の発生を抑える「防露」や建物を長寿命化する「耐久」のほか、
「安全」や「不燃」などさまざまな効果がある。

Check 「ガイナ」がオススメな理由

セラミック中空ビーズ

「ガイナ」は断熱性能に特化したセラミック（無機）と、特殊樹脂とのハイブリッド塗料。このセラミックが遮熱・断熱、防音、防臭など幅広い効果をもたらし、他の塗料と一線を画す。

10〜20ミクロンの微細な中空の球体セラミックがさまざまな効果を発揮

高耐久かつ省エネ

一般塗料の耐久年数10年に比べ、ガイナは約15〜20年。さらに、遮断熱効果により15年間で45万円の冷暖房費の削減が見込める。高耐久かつ、省エネ効果を期待できる塗料だ。

原点は宇宙技術

日本の宇宙研究の中心であるJAXA（ジャクサ）は、ロケットの打ち上げ時の摩擦熱から先端部分を守るための塗料を開発した。これを住宅用に技術転用したのが「ガイナ」だ。

JAXAは、ロケット先端部分に耐熱塗料を塗装している

外にも内にも塗装可能

建物の外壁はもちろん、内壁に塗布することも可能。遠赤外線放射性能により室内にマイナスイオンを発生させ、室内の空気質を改善し、さらに騒音や結露も低減させる。

外壁

屋根

屋上

室内

室内に塗れば、結露抑制効果も期待できる。

室内、外壁、屋上、屋根板にも利用されている

省エネ効果

ガイナを使用すれば、太陽の熱を反射・放射し、建物内部への熱の侵入を軽減。また室内の熱を外に逃さない。それによって夏の厳しい暑さ、冬の寒さを防ぐことができ、住まいの省エネにもつながる。

実測値で
夏季26.7%削減！
冬季21.6%削減！

年間の冷暖房費
約23%節約

ガイナを内外装に塗装　　一般塗料を内外装に塗装

遮熱実験（首都大学東京）

省エネ大賞を受賞！

平成29年度 製品・ビジネスモデル部門 審査委員会特別賞
主催：一般財団法人省エネルギーセンター（後援：経済産業省）

近赤外線の反射と遠赤外線の放射という、相反する性質を一つの塗膜の中に確立し、冷房効果、暖房効果を格段に改善できる省エネ製品として、高い評価を受け「平成29年度省エネ大賞　審査委員会特別賞」を受賞した実績もある。

※省エネ大賞とは、省エネ社会の構築を目的として、優れた省エネ性能を持つ製品に授与されるもの。

こんなにすごい!「ガイナ」の効果

① 断熱・遮熱（夏）

ガイナは、太陽光に含まれる赤外線を反射する性質を持っているため、外壁に塗布することで熱の侵入を最小限に抑えることができる。そのため、夏場も熱が蓄積されず、冷房の効率が良くなり、涼しい環境で過ごすことができる。

太陽光を約90%反射

ガイナなし　ガイナあり

暑い!　快適♪

夏季
エアコンにかかる
消費電力が
26.7%
削減

② 断熱・保温（冬）

ガイナは室内の熱エネルギーを封じ込め、熱を外に逃さないため冬場はとても室内が暖かい。
この「断熱&保温」効果で昼夜問わず、年間通して高い省エネ性を発揮する。

ガイナ未塗装

ガイナ塗装

外装にガイナ ≫≫ 外気からの影響を抑える

外装にガイナを塗布することで放熱が抑えられるため、部屋が冷えにくくなり暖房の効率が良くなる。

内装にガイナ ≫≫ 熱の移動を最小限に抑える

ガイナは周辺の温度に適応し、熱の移動を最小化させる特徴があるため、内装に塗布することで、暖気を外に逃さない。

③ 省エネ

屋根にガイナを塗装

夏場は冷気を逃さず、冬場は熱を逃さないガイナを塗布すれば、冷暖房の効率が良くなるため、年間を通してコストの削減が実現できる。長期的な経済効果を見込むことも可能。

夏季
電気料金削減率
約50%

冬季
電気料金削減率
約40%

（円）
250,000
200,000
150,000
100,000
50,000
0

（電気料金）

塗装前

塗装1年目

塗装10年目

5月 6月 7月 8月 9月 10月 11月 12月 1月 2月 3月 4月

ガイナは長寿命 ガイナの塗装表面は、経年劣化の少ない無機セラミック（塗膜の80%）のため、耐久性は15〜20年と長期。経年しても効果は変わらないため、ランニングコストを削減できる優れもの。

④ 空気改善

ガイナに含まれる特殊セラミックには、マイナスイオンと帯電性ゼロの性質があり、空気中の臭いや汚れ物質を無害化したり、浮遊を抑える効果がある。そのため、空気環境を改善し、消臭効果を発揮する。

室内空気質比較
室内空気に含まれる汚染物質（揮発物質：TVOC ホルムアルデヒド）の測定結果

⑤ 防露

ガイナの塗膜は、周辺の温度変化に適応する特性を持っているため、結露の原因となる温度変化を少なくすることができる。その結果、結露の発生を抑制する効果を発揮する。

結露抑制効果事例
福祉施設内の天井に発生していた結露とカビを抑制した事例。

施工前
厨房内で天井に結露が発生し、カビが問題になっていた。

施工後
施工6ヶ月後の写真。結露の発生を抑制、カビの発生なし。

⑥ 防音

ガイナの塗装面は、大量のセラミックで隙間なく覆われているため、効率よく音を反射させるだけでなく、制振効果によって音を軽減する。車の騒音や生活音が減り、家族の会話を楽しんだりと、快適な住環境を実現します。

生活音比較
未入居の隣接する部屋すべて（隣家・上階・下階）で音を発生させて測定（平均値）

会話音や歩行音、ドアの開閉音等躯体への衝撃を伴う音でも、空気伝搬による音の軽減効果が、データ的にも、実際の体感的にも改善効果が確認できました。

SDGsの取り組み

ガイナはSDGsの「9.産業と技術革新の基盤をつくろう」「11.住み続けられるまちづくりを」の目標達成に貢献できる商品として、国際連合工業開発機関（UNIDO）東京投資・技術移転促進事務所（東京事務所）のサステナブル技術普及プラットフォーム（STePP）に掲載されている。

詳細はこちら

圧倒的
コストパフォーマンス
超耐候性塗料
「スーパームキコート」

無機の特徴である優れた耐候性と
有機の特徴である耐クラック、耐屈曲性の
両方を兼ね備えた次世代の超耐久性
水性無機ハイブリッド塗料。
その耐久性の高さから、
マンションなどの外壁にも多く採用されており、
極めて使い勝手の良い塗料として
高い評価を得ている。

Point

— 「スーパームキコート」の「ムキ」は「無機」のこと。色褪せなど、
劣化の原因になる有機物に比べ、紫外線や熱に強く劣化しにくい。

— 臭気がやわらかく、居住者の健康に配慮した塗料。
シックハウス症候群の対策はF☆☆☆☆基準をクリア。

— 紫外線や雨風による変色・劣化など、変質への耐候性に優れ、
時間が経過しても塗装時の光沢がほとんど落ちない。

— 帯電しにくく、親水性に富んだ塗膜が建物に付着した汚れを除去。
いつまでも美しい外観を保つ。また難燃性にも優れる。

Check

超耐候性塗料「スーパームキコート」徹底分析

「スーパームキコート」をすすめるメーカーに、なぜ施工する家が増えているのかを聞いてみた。

ハイブリッド塗料

「スーパームキコート」は、劣化しにくいという無機塗料の長所と有機塗料の長所である弾力性を持ち合わせた「次世代水性ハイブリッドシリコン塗料」。多彩な実力を発揮する。

無機物は化学的に安定しており、例えば陶器茶碗に日を当てても劣化しないのと同じ

シリコン含有量50％以上

一般的にはシリコンの含有率が5％弱でもシリコン塗料と呼ばれるが、「スーパームキコート」の含有率は約50％と非常に高い。シリコンを含む樹脂成分が多く含まれているため、高い耐候性を実現する。

シリコンを含む
樹脂成分含有率

シリコン含有率 **5％**
一般的なシリコン樹脂塗料

シリコン含有率 **50％**
スーパームキコート

劣化原因の「有機物」ではなく、「無機物」のシリコンが50％含まれている

模様を残すクリア塗料

窯業系サイディングは激しく劣化すると、外壁の模様を塗りつぶさなければならないため注意が必要。「スーパームキコートクリヤー」なら、模様を残し保護しながら耐久性もアップさせることができる。

「スーパームキコートクリヤー」は、美しい光沢を維持できる

屋外暴露試験・促進試験の結果

雨・風・塩害など過酷な気候条件の宮古島で、屋外暴露試験・促進試験を実施した際、スーパームキコートの塗膜表面は、滑らかな状態を維持し実暴露の状況で超耐候性を有していることが確認できた。

超耐候性

スーパームキコート　　A社フッ素樹脂鋼塗料
走査型電子顕微鏡（SEM）倍率×5000

宮古島の「（一財）日本ウエザリングテストセンター宮古島暴露試験場」にて

Check

リフォーム会社・職人・お施主様に聞いた全国の声

どんなに施工されていても、使った人の評価が悪いのでは意味がない！
全国の「スーパームキコート」を使用したリフォーム会社などにその使い心地を聞いてみた。

色褪せ知らず

過去に施工した物件を見に行くと、まったく色褪せていません。また、ツヤ無しの塗料の上からツヤ有りの塗料で仕上げるので、塗り忘れが素人でも分かるのも安心です。

低価格でうれしい

低コストで長持ちする質の高いものを塗りたいという方におすすめ。外壁塗装において最高級のフッ素系塗料とほぼ同等の性能を誇り、コストパフォーマンスにも優れています。

雨染みやコケも解消

雨染みやコケなどの汚れに長く悩んでいる方におすすめの塗料。汚れがつきにくく、ツヤも長持ちします。屋根材では推奨していないものもあるので注意しましょう。

ひび割れにも強い

紫外線や雨風に対する「圧倒的な強さ」と、振動や伸縮などの住宅の動きに合わせた「柔軟性」は、現在の住宅に対して最適な塗料だと思います。

水性でにおいなし

上塗り材が水性塗料なので、工事中心配なにおいがほとんどありません。近隣の方にご迷惑をかけずに済むのも魅力。美しい仕上がりにもみなさん大満足です。

お気に入りを残せる

サイディングの柄が気に入っていらっしゃる方には、クリア塗装がおすすめ。柄を残しながら、色付きの塗装と同じく外壁を長持ちさせることが可能です。

耐久性・コスト・性能を究めた
最高の塗料

超耐候性塗料「スーパームキコートトップ/
スーパームキコートクリヤー」

Check

スーパームキコートシリーズなら大切なお住まいを 無機仕様でトータルコーディネート!

| 外壁 | 美観を長持ちさせたい時には
▶ スーパームキコート | 耐候性はそのままで、
落ち着いた感じに仕上げたい時には
▶ スーパームキコートトップ艶消し・半艶仕様 |
| | タイル・石目・多彩模様
サイディングには
▶ スーパームキコートクリヤー | 高級感、デザイン性を
追求したい時には
▶ スーパームキコートマイカ |

| 屋根 | コロニアル、折板屋根などには
▶ スーパームキコートルーフ |

| 付帯部 | 雨樋・破風・鼻隠し・笠木等には
▶ フタイムキコートIE |

屋根・壁・付帯部すべて高耐久な無機塗料での提案が可能になります。塗装後しばらく経つと壁はまだまだピカピカなのに樋などの付帯部はツヤがなくなってしまったなどの声を聞きます。そんな方にはスーパームキコートシリーズでのトータルコーディネートがおすすめ。オール無機の超耐候性で満足度もアップします。

ラインナップ追加!!

艶消しと半艶が選べて 「スーパームキコート」と同等の性能を有する 「スーパームキコートトップ艶消し仕様」

多くの要望があった艶消し仕様を追加。

Point!

- ●お気に入りの外壁イメージをそのまま再現する
- ●シックで落ち着いた外壁に仕上げたいという要望に応える
- ●艶がなくて、塗装が劣化せず、長持ちする仕様のものを求めている

艶消し

半艶(5分艶)

艶あり(従来製品)

スーパームキコートトップと同等の耐候性を有し、半艶・艶消しの2つのラインアップがそろう。また、サイディングで2回塗仕様というスーパームキコート同様の省工程の優れもの。

※ご使用の環境によって実際の色味と異なる場合があります。

42

タイル調・石目調・多彩模様等の
サイディングに最適な塗装
「スーパームキコートクリヤー」

スーパームキコートとの違いは、着色素材の顔料の有無のみ。
そのため、超耐候性・優れた防汚効果・環境に配慮した
水性塗料・耐クラシック性・難燃性の特徴を有する。
サイディングのこだわりのデザインや色を生かしたまま、
紫外線や暴露から建物を守ることができる。

施工例

スーパームキコートクリヤー
15年目の施工実例

15年目を迎えても
高光沢を維持!

多種多様な要望に応え
品質も維持する

「スーパームキコートマイカ」

お客様の「クリア塗装の2回目施工にしたい」、
「他社との差別化を図りたい」、「シックな質感に仕上げたい」、
「高級感を出したい」、「石目調などのデザイン性を出したい」、
そんな要望に応えるのがスーパームキコートマイカ。

● 意匠性…ローラー施工で吹き付けのような質感で、ワンランク上の高級感を演出

● 耐候性…無機系塗料（上塗り・中塗り）で長期間の使用が可能

● 省工程…ローラー3回塗りで完成する省工程を実現

施工例

下塗　　中塗　　上塗

仕上がりイメージ

カラーバリエーション

ベージュ　　　　グレー

※ご使用の環境によって実際の色味と異なる場合があります。

スーパームキコートを超える
超耐候性
「スーパームキコートルーフ」

建物の中でも最も直射日光に照らされる屋根を守るため、
弱溶剤で環境に配慮しつつ耐候性をアップ。
スーパームキコートの特徴である
優れた防汚効果・耐クラシック性・難燃性の特徴を有する。

宮古島屋外暴露試験（光沢保持率）

日本国内で最も全日射量が高く、過酷な自然暴露環境にある宮久島
で屋外暴露試験を行ったところ、耐候性 No.1 の試験実績を得た。

スーパームキコートルーフプライマーの特徴
〈3つの役割〉

スーパームキコートルーフプライマーがアンカー形状を
形成し、しっかりと屋根に付着するため、コロニアル瓦で
も2回塗りで塗装でき、工期短縮や施工費を抑えること
ができる。

雨樋・破風・鼻隠し・笠木等の
付帯部に最適な塗装
「フタイムキコートIE」

付帯部にスーパームキコートを施工すると、
トップが水系でハケ目やローラー目が目立ち、きれいに仕上がらない場合もあるため、
フタイムキコートを併せて使用するのが最良の方法といえる。

想定被塗物
雨樋・破風・鼻隠し・
笠木・基礎水切り・
鏡板・幕板・庇など

非推奨被塗物
軒天・木部・
塩ビゾル鋼板

カラーバリエーション

ホワイト	ブラウン（こげ茶）	ブラック

※ご使用の環境によって実際の色味と異なる場合があります。

キレイ専門塗料 住まいを長期にわたって美しく守る

「超低汚染リファインシリーズ」

「超低汚染リファインシリーズ」は外壁への汚れの付着を抑制する「超低汚染性」に加えて「高耐候性」、「遮熱性」、「遮熱保持性」などの性能を有する外壁用塗料。
戸建住宅・アパート・マンションなどあらゆる建物において「美観の維持」を目的に使用されている。

超低汚染リファインの4つの性能

キレイな状態を維持する	長く建物を守る	室内環境を快適にする	遮熱性を長持ちさせる
超低汚染性	**高耐候性**	**遮熱性**	**遮熱保持性**

汚れにくさを実験で実証

超低汚染リファインシリーズと他社塗料を塗った板をそれぞれ屋外に設置し、1年間の経過観察を行った。その結果、超低汚染リファインシリーズは他社塗料に比べて汚れがつきにくくなっていることが実証されている。

設置1年経過後の雨汚れの比較

超低汚染リファインシリーズ　他社低汚染シリコン塗料　他社低汚染フッ素塗料　他社低汚染無機塗料

全国のお客様の声

施主様
実験による信頼感
東京都　50代　男性

「超低汚染リファインシリーズ」の提案の際に目の前で他社塗料との汚れの比較実験をしてもらいましたが、目で見て汚れにくさが分かり、安心感を持って採用することができました。

施主様
家の美観維持に期待
兵庫県　70代　男性

塗装会社の営業の方に強くおすすめされて、その熱意からすぐに採用を決めました。仕上がりには大変満足しており、これからどれだけ家をきれいに維持できるか期待しております。

美観の維持に最適な「超低汚染リファインシリーズ」の3つの性能を徹底解説

1 超低汚染性

外壁に徹底して汚れを付着させないため塗りたての美しさを長く維持する

- 塗膜が緻密で強じんなため、汚れが付着しにくい
- 水となじみやすく、雨水によって汚れを洗い流す

汚れを洗い流す仕組み

超低汚染リファインシリーズ ／ 親水性の低い塗料

超低汚染リファインシリーズは水となじみやすい性質であるため塗膜と汚れの間に雨水が入り込み、汚れを洗い流す。

2 高耐候性

紫外線への高い耐候性で長期間住まいを保護する

- 塗膜の劣化要因の紫外線に耐性のある樹脂を使用
- 無機成分の配合により、紫外線への耐性がさらにUP

一般的な塗料との耐候性の比較

約10〜15年 一般シリコン塗料
約15〜18年 超低汚染リファインSi-IR
約15〜20年 一般フッ素塗料
約20〜24年 超低汚染リファインMF-IR

超低汚染リファインシリーズは一般塗料に比べて期待耐用年数が長い傾向にある。

3 遮熱保持性

遮熱性の低下を防ぐことで快適な室内環境を長持ちさせる

- 温度上昇の原因の1つである「近赤外線」を効果的に反射する「特殊遮熱無機顔料」を使用
- 遮熱性低下の原因となる汚れがつきにくいため遮熱性を長持ちさせる

遮熱性維持の比較実験

汚染前 塗料を塗った板に光源を照射

汚染後 塗料を塗った板をカーボンブラックで汚し、洗浄した板に光源を照射

41.3℃	40.3℃	52.9℃	40.4℃
一般遮熱塗料	超低汚染リファインシリーズ	一般遮熱塗料	超低汚染リファインシリーズ

超低汚染リファインシリーズはカーボンブラックで汚しても遮熱効果はほとんど変わらないことがわかる。

塗装店様
ニーズを満たす塗料
株式会社天羽塗装　営業歴9年　神子 周作 様

実家の外壁に苔や汚れが発生した体験から、汚れに強い性能が、長期的に美観を維持したいというお施主様のニーズを満たせると実感しているので、自信を持っておすすめできます。

塗装店様
リファインが好き
株式会社KOMA　職人歴26年　髙麗 太輔 様

実際の倉庫で他社塗料と比較し、優れた低汚染性が実証できています。また、遮熱性により下地の保護が期待できます。自宅の塗り替えにも使用したいほど、リファインが好きです。

遮熱専門塗料

住まいの屋根を熱・紫外線から守り室内環境を快適にする

「スーパーシャネツサーモF/Si」

スーパーシャネツサーモシリーズは長期間建物を守る「高耐候性」に加えて「遮熱性」「変退色防止性」などの性能を有する屋根用塗料。

戸建住宅の屋根などにおいて「屋根の遮熱保護」を目的として使用されている。

スーパーシャネツサーモシリーズの3つの性能

長く建物を守る
高耐候性

室内の温度上昇を抑える
遮熱性

屋根をキレイな状態で長持ちさせる
変退色防止性

屋根色の変色・退色リスクを大幅軽減

屋根色の変色・退色の多くは顔料が紫外線によって破壊されることが原因となるが、スーパーシャネツサーモシリーズでは紫外線に強い特殊な顔料（チタン複合特殊無機顔料）を使用しているため、紫外線による影響を受けづらく、屋根色の変色・退色が起こりにくくなっている。

チタン複合特殊無機顔料について

一般的な遮熱顔料
（有機顔料の3色混合）

チタン複合特殊無機顔料

紫外線により破壊され、変色が起こりやすい。

紫外線により破壊されにくく、変退色しにくい。

Check 屋根の遮熱保護に最適な
スーパーシャネツサーモシリーズの
3つの性能を徹底解説

1 高耐候性

劣化要因の紫外線に強いため
長期間住まいを守ることができる

• 塗膜の劣化要因の「紫外線」に強い樹脂を採用
• 劣化要因の「ラジカルの発生」を抑制する顔料を採用し、
  屋根の劣化を抑える

一般的な屋根塗料との耐候性の比較

約7~10年 一般シリコン塗料
約15年 一般フッ素塗料
約13~16年 スーパーシャネツサーモSi
約16~20年 スーパーシャネツサーモF

スーパーシャネツサーモシリーズは一般塗料に比べて期待耐用年
数が長い傾向にある。

2 遮熱性

優れた遮熱性により
室内環境を快適にする

• 温度上昇の原因となる「近赤外線」を効果的に
  反射する「特殊無機顔料」を採用
• 「黒」「紺」「緑」などの温度上昇がしやすい色でも
  高い遮熱性を実現

遮熱性の比較

塗布部分
未塗布部分
サーモグラフィー
55.8℃   40.1℃

スーパーシャネツサーモシリーズ塗布の有無で15℃以上の温度
差が生じている。

3 変退色防止性

屋根色の変化を起こりにくくし
塗り替え後のキレイな状態を
長く維持する

• 屋根色の変化の原因になる
  紫外線の影響を受けにくい
  「チタン複合特殊無機顔料」を採用

変退色防止性の比較

実験前   SUV860時間照射後
スーパーシャネツサーモシリーズ
[色差(ΔE)1.0未満★]

実験前   SUV860時間照射後
従来遮熱顔料
[色差(ΔE)2.3]

スーパーシャネツサーモシリーズは屋根色の変化が起こりにくく、塗り替え後の色の状態を長く
維持する。★一般的に、色差1.0未満では離間比較での、目視による色の違いが難しいレベルと言われている。

全国のお客様の声

塗装店様
単なる遮熱塗料ではない！

株式会社村山塗装 代表取締役 村山 洋 様

屋根用の遮熱塗料は様々なメーカーから発売されていますが、スーパーシャネツサーモシリーズについては「単なる遮熱塗料ではない」ということを必ずお伝えしています。屋根に塗られた塗料は、紫外線・熱・雨からのダメージを直に受けてしまうため、変色・退色しやすいという点が弱点です。一方で、スーパーシャネツサーモシリーズは色持ちの良い無機顔料を採用しているため、「色持ちが良い屋根専用塗料」とお伝えした結果、多くの方に選んでいただいています。

塗装店様
安心して使用できています！

株式会社フクモト工業 店長 福本 彰宏 様

隠ぺい率が高く、仕上がりの艶感が良いと感じています。そして、周囲からの評判が良いのも使用理由の1つです。また、他社の屋根用塗料と比較して価格や施工性にも特に問題がなく、使用し続けています。

長持ち専門塗料 長期にわたり住まいを劣化要因から守る

「フッ素REVO1000(-IR)」
「シリコンREVO1000(-IR)」

REVOシリーズはアステックペイント独自の
技術によって住まいを長く美しく守るために
つくられた外壁用塗料。
戸建住宅・アパート・マンションなどあらゆる
住まいにおいて「建物の保護」を目的に使
用されている。

REVOシリーズの3つの性能

長く建物を守る
高耐候性

キレイな状態を
維持する
低汚染性

室内環境を快適にする
遮熱性※

※フッ素REVO1000-IR
シリコンREVO1000-IRのみ

高耐候性を実現する独自技術

フッ素REVO1000(-IR)は、一般のフッ素塗料よりもフッ素
成分を約2倍※1、シリコンREVO1000(-IR)は、一般のシリ
コン塗料よりもシリコン成分を約3倍※2多く含んでいる。成
分量が多くなるほど、塗膜の劣化要因の「紫外線」による影
響を受けにくいためより高い耐候性を発揮できる。

※1:民間分析機関による分析　※2:自社調べ

成分量の比較

フッ素成分が
約2倍

一般
フッ素塗料 ／ フッ素REVO
1000(-IR)

※民間分析機関による分析

シリコン成分が
約3倍

一般
シリコン塗料 ／ シリコンREVO
1000(-IR)

※自社調べ

Check

建物の保護に最適なREVOシリーズの
3つの性能を徹底解説

1 高耐候性

紫外線に対し強い耐候性を発揮し、長期間住まいを守ることができる

- 劣化要因の紫外線に耐性のある樹脂を採用
  ※フッ素REVO1000(-IR)のみ
- 劣化要因の「ラジカルの発生」を抑制する顔料を採用し、外壁の劣化を抑える

一般的な塗料との耐候性の比較

REVOシリーズは一般塗料よりも期待耐用年数が長い傾向にある。

2 低汚染性

外壁に汚れを付着しにくくし塗りたてのキレイな状態を長く維持する

- 塗膜表面が強じんなため、汚れが付着しにくい
  ※フッ素REVO1000(-IR)のみ
- 三重構造の樹脂により、汚れをよせつけない
  ※シリコンREVO1000(-IR)のみ

汚れにくさの検証実験

REVOシリーズはA・B社の塗料よりも汚れが付着しづらいということが実証されている。

3 遮熱性

優れた遮熱性を発揮し、室内環境を快適にする

※フッ素REVO1000-IR、シリコンREVO1000-IRのみ

- 温度上昇の原因の1つである「近赤外線」を効果的に反射する特殊な顔料を採用

遮熱性の検証実験(フッ素REVO)

REVOシリーズは一般塗料よりも温度が上昇しにくくなっている。

全国のお客様の声

塗装店様 **フッ素**

艶感、隠ぺい率、塗膜厚 全て問題なくとても気に入っています

仕上がったあとの「艶感の良さ」が何より良いと感じるポイントです。さらに隠ぺい性や粘度が良く、施工のストレスを感じません。また使っている材料のなかでも塗りやすく、しっかりと塗膜厚も確保できており、乾燥性もしっかりとしています。二液型塗料よりも塗った感じがよく、肉付感も良いため、とても気に入っています。

塗装店様 **シリコン**

遮熱塗料なのに被りの問題がなく、施工性は良いと感じます

遮熱塗料は被りが多いイメージがありましたが、シリコンREVO1000-IRはそんな印象を払拭してくれました。1回目でかなり隠ぺいし、被りも良いため、隠ぺい率は高いと感じます。また、跳ね返りはなく、艶感は強すぎず弱すぎない、絶妙な良さがあります。施工全般においては、なにかストレスを感じたことはなく、スムーズに施工できています。他の施工店様やお施主様に自信をもってオススメできる塗料です。

PAINT LINE ジャパン

無機ハイブリッドチタンガード®
外壁塗替え1回専用塗料（最大30年耐用）

「無機ハイブリッドチタンガード®」は耐候性に
優れる無機成分オルガノポリシロキサン、
グリシジル基含有シリコーンオリゴマー、
特殊チタンの配合技術により、優れた耐候性と
低汚染性を実現。
また、特殊チタンは高い屈折率を持っており、
熱や紫外線に最も強く、強靭な塗膜が形成される。
さらに、柔軟性が高く、ひび割れしにくいという
特性がある高品質塗料だ。

特殊チタンを配合した
次世代のハイグレード無機塗料
MUKI HYBRID TITANGUARD

特殊クワトロガードシステム【4つの新技術効果】

ラジカル

❸高性能光安定剤
紫外線吸収剤 UV キャッチャー

❶高耐候性
特殊チタン

❷ラジカルバリアーシステム
ラジカルプロテクト高密度シェル構造

樹脂表層面　　　　　　基材面

酸素

ケイ素

シリコーンオリゴマーシロキサン結合
樹脂にシリコーンオリゴマーのシロキサン骨格を
結合することにより紫外線劣化に対する耐候性を向上

次世代のハイグレード無機塗料

次世代型高耐候性塗料シリーズの、研究開発型企業団体「PAINT LINE ジャパン」は高品質塗料の製品化に成功。同社が展開する外壁・屋根・鉄部用の特殊チタン配合型無機ハイブリッド型塗料「無機ハイブリッドチタンガード® シリーズ」は、オルガノポリシロキサン系樹脂とグリシジル基含有シリコーンオリゴマーからなる塗料。熱や紫外線に安定なポリシロキサンが、フレキシブル性に優れた特殊成分と変成技術により、優れた耐久性、超低汚染性を発揮し、耐クラック性を兼ね備え、さらに特殊チタンの配合技術により最大30年間の塗膜劣化の抑制が可能。期待耐候年数30年間という異次元の超耐久性・超低汚染性の要因として「特殊クワトロガードシステム」が挙げられる。そもそも塗料の劣化は紫外線による樹脂劣化と酸化チタンへの紫外線照射によるラジカルの発生に伴う顔料露出と樹脂劣化であるが、同システムにおいては❶特殊チタンに❷高密度シェル加工を施し、ラジカルバリアーシステム（＝特殊チタン）を取り入れた。さらに❸高性能光安定剤により顔料・樹脂劣化を抑制する。またフローティングハイドロシステムにより塗膜表面に親水基を配合して、雨水が壁面に広がって汚れ等を浮かび上がらせ、汚染物が流れ落ちる特殊技術を導入している。「PAINT LINE ジャパン」はさらなる次世代塗料の研究開発を行い、消費者に対して安全・安心を提供している。

❹特殊架橋型ハイグレード樹脂

オルガノポリシロキサン系樹脂と
グリシジル基含有シリコーンオリゴマー
からなるハイグレードな樹脂

下塗り層　　　　サイディングボード（基材）

中塗り・上塗り層

耐久性、コスト、性能を究めた

最高の塗料

超耐候性塗料「無機ハイブリッドチタンガード®」

PAINT LINE ジャパン

「無機ハイブリッドチタンガード®」の効果

こんなに すごい

① 耐用年数最大30年

「特殊チタン」は無機顔料の中でも高い屈折率を持ち、紫外線や雨・風、塩害など過酷な気候条件に強い。そのため、長期間にわたって建築物の美観を保つことができる。

宮古島10年暴露における耐候性比較

宮古島の環境下は本州の約**3倍**の劣化促進があります。

光沢保持率(%)／暴露年(年)／白亜化ライン

— 無機ハイブリッドチタンガード®ルーフ　— 無機ハイブリッドチタンガード®　— A社水性フッ素樹脂塗料　— B社水性フッ素樹脂塗料

② 雨筋の汚れを未然に防ぐ

フローティングハイドロシステム（超低汚染のメカニズム）で塗装後約3カ月で成膜し、その後、超親水性効果によって汚れが付着しにくくなる。

降雨／水膜を形成／超親水性

③ 高温でも燃えにくい塗膜

特殊チタンと無機成分「オルガノポリシロキサン」の配合により、シリコン・フッ素塗料と比べ塗膜が燃えにくい。一般財団法人建材試験センターが行っている耐火試験にも合格している。

無機ハイブリッドチタンガード®シリーズ　**3分間で燃焼**（1700℃）トーチバーナー

他社のフッ素樹脂塗料　**3〜5秒で燃焼**（1700℃）トーチバーナー

④ 柔軟でひび割れしにくい塗膜

他社製品の無機塗料、フッ素樹脂塗料は、∅10mmの曲げ試験で塗膜にひび割れが入るが、無機ハイブリッドチタンガード®シリーズは、∅1.5mmでもひび割れが起きない。

Φ:折り曲げたときの両サイドの厚み／1.5mm／10mm

（左）他社無機塗料　（右）無機ハイブリッドチタンガード®シリーズ

⑤ 塗り替え回数を削減でき、経済的

超高耐候性のため、塗り替え時期の延長が可能。トータルメンテナンスコストを圧倒的に抑えることができる。

※塗り替え時期は概算で、建物の立地形状、素材の性質、気候条件等で異なる。

| 無機ハイブリッドチタンガード®シリーズ 塗り替え **1回** | フッ素塗料 塗り替え **2回** | アクリルシリコン塗料 塗り替え **3回** | ウレタン塗料 塗り替え **4回** |

30年間で試算（計算）した場合のシミュレーション

⑥ 特殊チタンによるラジカル制御効果

宮古島の強烈な紫外線での実証実験を基に顔料選定を実施。劣化の原因となるラジカル反応を格段に制御する新技術、高耐候性特殊チタンを導入し、ラジカルプロテクト高密度シェル構造により塗膜の樹脂劣化を外側・内側からも制御する。

一般的に酸化チタンの強力な酸化作用が塗料中の樹脂を攻撃し破壊してしまうといわれている。

①ラジカル反応を抑制し紫外線劣化を防ぐ　②シリコーンオリゴマーシロキサン結合

高耐候性特殊チタン／新技術導入／（ラジカルプロテクト高密度シェル構造）／ケイ素（ガラス・石英）と同じ無機結合

沖縄県宮古島の屋外暴露試験で
国内最高クラスの耐久性が証明された無機塗料

一般的に、塗料の耐候性能を評価する方法としては、促進耐候性試験と屋外暴露試験の2種がある。促進耐候性試験機は早期に劣化を確認できる反面、実現場との相関性が合わないことがあるため、正確性に欠けるというデメリットがある。より確実に劣化を評価する方法として屋外暴露試験があるが、その中でも最も有効な手段として宮古島屋外暴露試験がある。同地は本州と比較して紫外線照射量が非常に多く、塩害、高温、高湿な環境下なため、本州と比べて約3倍のスピードで塗膜が劣化するといわれている。無機ハイブリッドチタンガード®シリーズは、その宮古島屋外暴露試験で10年経過しても光沢保持率40%以上・白亜化度3以下を保持する結果となり、約30年相当の耐久性があることが証明された。

屋外暴露＆促進試験機 W試験・工場直送

「中小企業からニッポンを元気にプロジェクト」
公式アンバサダー
ロンドンブーツ1号2号 田村 淳

PAINT LINE ジャパン

その他のラインアップ

LINEUP 無機ハイブリッドチタンガード®シリーズ [屋根・外壁・その他部位]

Deluxe 無機

2液無機塗料をも凌駕する特殊チタン配合
ラジカルバリアー・シロキサン結合・デラックス無機塗料
「ZENITH / ゼニスシリーズ」

艶調整可能

クワトロガード技術採用・屋根・外壁・
水性タイプ・1液弱溶剤タイプ・遮熱タイプ

ゼニスシリーズは特殊チタン配合・高機能・高耐候性ラジカル制御型無機塗料。「新開発クワトロガードテクノロジー」採用により生まれた、まったく新しい建築用塗料。長期間にわたり建物を保護する高低汚染性による美観の維持と高耐候性は、他社無機塗料を凌ぐ次世代の高性能を実現する。

S-GRADE

F★★★★ 20~23年 耐用年数

Standard 無機

フッ素以上の耐久性を発揮する
高耐候性ラジカル制御型シロキサン無機塗料
ラジカルバリアー・シロキサン結合・スタンダード無機塗料
「REGALO/ レガロシリーズ」

艶調整可能

クワトロガード技術採用・屋根・外壁・
付帯部・水性タイプ・2液型弱溶剤タイプ・遮熱タイプ

レガロシリーズは、特殊チタン配合と無機成分「オルガノポリシロキサン」との出合いから生まれた、まったく新しい建築用塗料。ラジカル制御効果により汎用品フッ素塗料以上の耐久性を発揮するスタンダード無機塗料。

STANDARD

F★★★★ 15~17年 耐用年数

無機ハイブリッドチタンガード®

PAINT LINE・ネットワーク 加盟店一覧

高耐候性塗料と施工技術の高いメンテナンスでお客様の住まいを守り、地域に根差した安心・安全な暮らしの活動を続けてまいります。

● PAINT LINE 札幌店
北海道札幌市東区北四十一条東2-1-6
TEL:011-299-2248

● PAINT LINE 札幌西店
北海道札幌市手稲区稲前田536-60
TEL:011-215-5213

● PAINT LINE 仙台北店
宮城県仙台市宮城野区岩切羽黒前87
TEL:0120-393-582

● PAINT LINE 仙台太白店
宮城県仙台市太白区茂庭字川添東4-14
TEL:022-395-6888

● PAINT LINE 群馬前橋店
群馬県前橋市天川原町2-46-22
五十嵐ビル107号
TEL:0120-411-600

● PAINT LINE 茨城水戸店
茨城県水戸市上水戸2-9-3
TEL:029-353-7875

● PAINT LINE 茨城 つくば店
茨城県土浦市沖東3-3-2 OGビル2F
TEL:029-896-6593

● PAINT LINE 栃木小山店
栃木県小山市大字喜沢1419-4
ハーベストウォーク東
TEL:0285-20-8055

● PAINT LINE 栃木宇都宮店
栃木県宇都宮市陽光町156-10
TEL:028-661-7936

● PAINT LINE 栃木南店
栃木県宇都宮市南森町20-24
TEL:0120-081-180

● PAINT LINE 浦和店
埼玉県さいたま市南区鹿手袋6-16-1
シンハイム武蔵浦和104
TEL:048-612-4985

● PAINT LINE さいたま川口店
埼玉県さいたま市大宮区桜木町2-3
TEL:090-2909-6080

● PAINT LINE 狭山日高店
埼玉県日高市旭ヶ丘291-1
TEL:042-978-5363

● PAINT LINE 埼玉久喜蓮田店
埼玉県北足立郡伊奈町大字小室2268-125
TEL:0120-55-5056

● PAINT LINE 千葉中央店
千葉県四街道市めいわ2-6-10
TEL:043-488-5671

● PAINT LINE 千葉京葉店
千葉県船橋市馬込西2-18-14 2F
TEL:0120-963-403

● PAINT LINE 東京世田谷店
東京都世田谷区粕谷1-11-24
TEL:03-5357-8651

● PAINT LINE 東京足立店
東京都足立区竹ノ塚3-6-7プライムビル201
(リフォームQOL事業部)
TEL:03-5856-7991

● PAINT LINE 東京城西店
東京都杉並区上荻3-4-11
TEL:03-5311-7650

● PAINT LINE 横浜港南店
神奈川県横浜市泉区和泉5959-7
TEL:045-443-6589

● PAINT LINE 横浜鶴見店
神奈川県横浜市鶴見区駒岡2-2-19
ヨコスカビル12F
TEL:045-717-7547

● PAINT LINE 横須賀店
神奈川県横須賀市三春町1-14
TEL:046-887-0981

● PAINT LINE 神奈川県央店
神奈川県大和市中央7-16-27 YNビル1F
TEL:046-260-1101

● PAINT LINE 神奈川相模原店
東京都新宿区富久町15-1
富久クロスコンフォートタワー4810号
TEL:042-728-7767

● PAINT LINE 新潟中越店
新潟県柏崎市番神2-4-10
TEL:0257-41-5302

● PAINT LINE 長野岡谷店
長野県岡谷市赤羽1-2-4
TEL:0266-22-7501

● PAINT LINE 岐阜中央店
岐阜県岐阜市入舟町1-7
TEL:058-213-7234

● PAINT LINE 名古屋店
愛知県名古屋市中区錦2-5-5
八木兵伝馬町ビル3F
TEL:050-6875-6407

● PAINT LINE 愛知東店
愛知県豊田市小坂町9-84
TEL:0565-79-8111

● PAINT LINE 知多店
愛知県知多市清水が丘1-1402
TEL:080-3070-5694

● PAINT LINE 愛知春日井店
愛知県小牧市掛割町20
TEL:0568-48-8947

● PAINT LINE 尾張西店
愛知県葛西市町方町北堤4-138-6
TEL:0120-983-521

● PAINT LINE 滋賀店
滋賀県東近江市大森町1290 2F
TEL:0120-409-233

● PAINT LINE 京都店
京都府京都市伏見区中島前山町74 3F
TEL:0120-409-233

● PAINT LINE 大阪南河内店
大阪府羽曳野市西浦6-2-33 1F
TEL:0120-391-043

● PAINT LINE 兵庫姫路店
兵庫県姫路市中地27-1
TEL:0120-019-810

● PAINT LINE 神戸西店
兵庫県神戸市西区天が岡35-6
TEL:078-202-8437

● PAINT LINE 明石垂水店
兵庫県神戸市垂水区向陽3-1-27
JAオアシス会館1F
TEL:078-705-1118

● PAINT LINE 淡路島店
兵庫県淡洲本市物部3-2-63
TEL:0799-22-1138

● PAINT LINE 島根店
島根県雲南市大東町養賀784-5
TEL:0854-43-8820

● PAINT LINE 笠岡店
岡山県笠岡市十一番町10-2
TEL:0865-69-1777

● PAINT LINE 福山店
広島県福山市神辺町新道上2-10-10
TEL:084-967-5211

● PAINT LINE 広島西店
広島県広島市佐伯区八幡2-26-31
扇ビル1F
TEL:0120-061-817

● PAINT LINE 広島東店
広島県安芸郡海田町石原5-15
TEL:082-847-2648

● PAINT LINE 下関店
山口県下関市川中本町2-2-47
TEL:083-242-2020

● PAINT LINE 周南店
山口県周南市浜田2-1-25
TEL:0834-34-1039

● PAINT LINE 香川高松店
香川県高松市上天神町610-4
TEL:0120-101-125

● PAINT LINE 北九州八幡店
福岡県北九州市八幡西区良城町4-12
TEL:093-641-8296

● PAINT LINE 福岡糟屋店
福岡県糟屋郡宇美町四王寺坂2-16-25
TEL:092-719-0580

● PAINT LINE 大分店
大分県大分市明野北5-17-11
TEL:097-558-2393

● PAINT LINE 宮崎中央店
宮崎県宮崎市宮崎駅東3-5-4 小濱ビル1
TEL:0985-66-1308

● PAINT LINE 宮崎都城店
宮崎県都城市一万城町40-6
TEL:0986-22-0545

● PAINT LINE 鹿児島中央店
鹿児島県霧島市溝辺町崎森957-5
TEL:0995-58-2016

● PAINT LINE 沖縄店
沖縄県那覇市高良3-8-23-4F眞高商事ビル
TEL:098-859-7118

総合窓口 「無機ハイブリッドチタンガード® シリーズ」について

〒751-0859 山口県下関市川中本町2-2-47
[発売元]PLジャパン株式会社

📞 **0120-107-118**

PAINT LINE
ジャパン
公式WEBサイト

57

最高の塗料

耐久性・コスト・性能を究めた

完全保存版 塗料比較表

塗料は生涯の
トータルコストで選択すべし。

完全保存版 塗料

	シリコン塗料	フッ素塗料	ガイナ
塗料	品質に対する価格の手頃さが大きな魅力で、機能性や価格からいえばコストパフォーマンスも良く、住宅にかかるトータルのライフサイクルコストを大きく削減できるため人気も高い	ガラス製塗料の寿命は非常に長く、耐候性もほかの塗料に比べて抜群。航空宇宙産業機器に使用されるほどの耐熱性・耐寒性に加え、低摩擦性や不燃性など数多くの機能を持つ一方、非常に高価格のため、一般住宅にはまだ広く普及していない	宇宙ロケットの断熱技術を民間転用して開発された断熱塗料。紫外線に対して最も強いセラミックを使用しているため、耐久年数は一般的な塗料の約2倍にあたる15〜20年。遮断熱効果で冷暖房費の削減ができるのも大きなメリット
耐久年数 ※上塗り2回塗りの場合	10年	15年	15年〜20年
仕様	○ 艶のある仕上がり。塗膜に光沢があり比較的長く光沢が続く	◎ 光沢感があり、防汚性も高いため、塗装後の美しさが長続きする	◎ ザラッとした風合いで、マットで上品な仕上がり。濃い色を塗装することは難しい
性能	✕ 特筆すべき機能なし	○ 高耐久	◎ 断熱・遮熱効果
こんな方におすすめ！	耐久性とコストのバランスを重視したい方、長期的な目線でコストを落としたい方など	定期的に塗り替えをしなくてもよいよう、価格は高くても長期間美しさをキープしたい方	夏の暑さや冬の寒さを改善して1年中快適な室温にしたい方、毎月の冷暖房費を減らしたい方、外壁塗装を頻繁にしたくない方
デメリット	メーカーによって水性や油性、1液型や2液型など多種多様なので性能の違いを判断しづらい	フッ素樹脂は、高品質なので塗料の価格が他と比べて高価である	真っ黒など濃い色はつくれない。屋根塗装では「ガイナ」の反射率が高いため、色見本よりも明るく見えるので要注意
価格目安★	60万（付帯部含む）	85万（付帯部含む）	85万（付帯部含む）

★建坪25坪の住まいを想定。足場、洗浄費は含まず。税抜価格を表示。

比較表

技術開発に伴って、塗料にも続々と高性能の製品が登場し、価格も性能も多彩であることから、「どれを選んでいいのか分からない」という方も多いことだろう。そこで、現在使われている主な塗料をピックアップ。比較検討しやすいようにその特徴を一覧にして紹介しよう。

スーパームキコート	超低汚染リファイン MF-IR	無機ハイブリッド チタンガード®
無機有機ハイブリッド塗料のため、耐久年数はシリコン塗料が約10年なのに対し、20年以上と長持ち。レンガ調のサイディングなどがそのまま長く楽しめるクリア塗料もある。外壁だけでなく、屋根や付帯部など外装全体をオール無機塗料で施工できる	塗装後の美しさを長期的に維持する超低汚染塗料。汚れの付着やカビ・藻の発生を抑制できる低汚染性に加え、高耐候性や遮熱性等、「美壁」に求められるあらゆる機能を兼ね備えている	光触媒反応を抑制する特殊チタンに耐候性の優れた無機成分を多く配合した塗料。雨や風、塩害などの過酷な気候状況に強いという特徴を持つ。紫外線の強い宮古島での10年間の暴露実験で最も高い耐候性が立証されている
20年	20年～24年	30年
◎ 艶のある仕上がり。シリコンほどのテカテカ感がなく、上品な艶になる	◎ きめが細かく艶のある美しい仕上がり。好みに合わせて艶感を選べる	◎ 艶やかな仕上がり。超耐候性、超耐汚染性の強靭な塗膜が家の美観を長期間保つ
◎ 超耐候性	◎ 超低汚染性	◎ 超耐候性
意匠性の高いサイディングを施した外壁を持ち、10年以上現在の家に住む予定の方は、クリア塗装がおすすめ。「せっかく塗装するなら高耐久に」という方	外壁の汚れが気になっている方、外壁に明るい色を使用したい方、家を長持ちさせたい方におすすめ	25年以上塗り替えをしなくてもよい方。また高品質、高性能なのでメンテナンス費をかけたくない方。圧倒的な費用対効果を求める方
短いスパンで建物を塗り替えたい方は、イニシャルコストが高いので、金額がかかってしまう	2液性のため、低汚染性を発揮させるには、調合比を守り、2分以上撹拌(かくはん)する必要がある	イニシャルコストが他の塗料に比べ高いため短いスパンで塗り替えしたい方には不向き
85万(付帯部含む)	80万(付帯部含む)	120万(付帯部含む)

耐久性・コスト・性能を究めた
最高の塗料

塗料の選び方①

資材に合わせた最適な塗料を!

外壁材の種類に合わせて選ぶ

外壁といっても、その建材はさまざま。
モルタルやサイディングなど使用されている外壁に合わせて塗料を選択しよう。

モルタル編

クラックの発生を抑える「弾力性」がキーワード

モルタルはクラックが発生しやすい外壁。
発生を押さえるためには、建物（下地）の
動きに合わせて伸び縮みする弾力性のあ
る塗料を厚く塗るのがポイント。

ひび割れが気になるモルタルの外壁

⬇

おすすめは
弾力のある塗料

家の現状を把握して、修繕するために必要
な塗料を選択する

ひび割れに
強い塗料が
しっかり密着

サイディング編

紫外線や雨などの環境から大切な家を守る役割も

窯業系サイディングの場合は、既存の柄
を生かせるクリア塗装がおすすめ。「スー
パームキコートクリヤー」は窯業系サイ
ディングの保護に最適といえる。

模様が美しいサイディングの外壁

⬇

おすすめは
模様を生かせるクリア塗料
ex)「スーパームキコートクリヤー」

日当たりの良い場所を見ると、当初の外壁の
色に比べて色あせや変色が見られる

クリア塗料で
上品な艶が
よみがえった

まとめ

まずは外壁に使用されている建材の短所を把握。
それをカバーするために、必要な機能を持った塗料を選ぶ必要がある。

耐久性・コスト・性能を究めた
最高の塗料

塗料の選び方②

高機能塗料が続々登場!

住まいの悩みを解決する機能性で選ぶ

技術の進歩によって、多様な機能を付加した塗料が登場。
建物の問題を解決できる機能を備えた塗料を探そう。

断熱対策

優れた断熱性能を備え
省エネ効果を発揮

屋根からの暑さ、壁からの寒さを感じる
家であれば、断熱効果のある「ガイナ」が
おすすめ。断熱性の向上により、住まいの
快適性がUPする。また、エコロジー効果
も高い断熱塗料は省エネにつながりコス
トパフォーマンスも抜群。

夏、クーラーの効きが良くない　　　冬、寒くて寝付きが悪い

おすすめは
遮断熱効果のある塗料
ex)「ガイナ」

汚れ対策

汚れの原因によっても
選ぶ塗料は変わってくる

特に車道に面している外壁では、汚れが
気になるところ。その場合は、汚れが付き
にくく、雨水で汚れを浮かせて流してくれ
るような塗料をセレクトしよう。また、断
熱性能の低い家では、湿気や壁内結露
などの原因から外壁にカビやコケが発
生。カビが発生した場合には、防カビ剤
入りでカビの発生と増殖を抑制してくれ
る塗料が必要になる。

カビやコケ、車の排ガスの汚れ

おすすめは
防カビ効果やセルフクリーニング効果のある塗料
ex)光触媒塗料

まとめ 機能性塗料を塗れば、寒さや暑さなど暮らしの悩みも解決できる。
美観維持や保護以外に目的に応じて塗料選びの基準を変えよう。

塗り替えサイクルを逆算して選ぶ

今後何年、その家に住むのか?

最初に考えておきたいのは、「塗り替えサイクルの目安を何年にするか」。
大まかなサイクルが決まれば、必要な塗料が見えてくる。

塗り替えサイクル 6〜10年の塗料

コストを押さえ、短期間で塗り替えをくり返す

家を気軽にイメージチェンジしたい人や、現在の家に10年以上住む予定のない人には、低コストで塗り替え目安が6〜10年の塗料がおすすめ。耐久年数と居住年数の期間が同じであれば塗料のコストを抑えられる。

■ 家のイメージを気軽に変えられる

| 塗りたて 70万円 | 5年後 70万円 | 10年後 70万円 | 15年後 70万円 | 20年後 70万円 |

20年間のトータルコスト…350万円

■ 短い期間しか住まない場合は低コストがお得

耐久性5年のアクリル塗料を塗布　　売却や賃貸物件として貸し出し

※長く住む場合は、数年ごとの塗り替え費用がかかるので要注意

塗り替えサイクル 25〜30年の塗料

長く住み続けるなら高耐久塗料を選択

現在の家に10年以上住む予定の人は耐久性が20年以上の高耐久塗料を選ぼう。初期コストは耐久性の低い塗料より上がるかもしれないが、長持ちするため、トータルコストで比較したときに賢い選択だといえる。

耐久年数20年以上の塗料を塗布 150万円　　20年後 塗り替えなし

20年間のトータルコスト…150万円

まとめ　塗り替えを1回のコストとして捉えず、あと何年間この家に住むのかを考えること。生涯の塗り替えコストを踏まえて判断することが大切。

生涯コストを考えた塗装選びを
トータルコストで見る種類別料金表

外壁リフォームは1度で終わるというものではない。
その家に住み続ける限りずっと続けていかなければならないものだ。
そのため、長い目で見て施工費を考える必要がある。
ここでは、塗料ごとの生涯コストを紹介。塗料決定の参考にしてほしい。

		1回目リフォーム	5年後	10年後	15年後	20年後	25年後	
シリコン塗料 10年	足場	20万		20万		20万		トータルコスト 270万/30年
	洗浄	10万		10万		10万		
	塗装	40万		40万		40万		1年当たりコスト 9万/1年
	付帯部塗装	20万		20万		20万		
	トータルコスト	**90万**		**90万**		**90万**		
フッ素塗料 15年	足場	20万			20万			トータルコスト 230万/30年
	洗浄	10万			10万			
	塗装	65万			65万			1年当たりコスト 7.66万/1年
	付帯部塗装	20万			20万			
	トータルコスト	**115万**			**115万**			
ガイナ 15年〜20年	足場	20万			20万			トータルコスト 230万/30年
	洗浄	10万			10万			
	塗装	65万			65万			1年当たりコスト 7.66万/1年
	付帯部塗装	20万			20万			
	トータルコスト	**115万**			**115万**			
スーパームキコート 20年	足場	20万				20万		トータルコスト 230万/40年
	洗浄	10万				10万		
	塗装	65万				65万		1年当たりコスト 5.75万/1年
	付帯部塗装	20万				20万		
	トータルコスト	**115万**				**115万**		
超低汚染リファイン MF-IR 20年〜24年	足場	20万				20万		トータルコスト 220万/40年
	洗浄	10万				10万		
	塗装	60万				60万		1年当たりコスト 5.5万/1年
	付帯部塗装	20万				20万		
	トータルコスト	**110万**				**110万**		
無機ハイブリッド チタンガード® 30年	足場	20万						トータルコスト 150万/30年
	洗浄	10万						
	塗装	100万						1年当たりコスト 5万/1年
	付帯部塗装	20万						
	トータルコスト	**150万**						

（左端縦書き：高耐久塗料）

省エネ効果も!
遮熱・断熱性に優れ
光熱費の節約に

抜群の耐久性!
初期費用はかかるが耐久性は抜群

30年の耐久性!
初期費用は高コストだが30年以上住む方におすすめ!!
圧倒的なロングサイクルコストを実現する

※上塗り2回塗りの場合を想定

成分で異なる塗料の種類

「水性」「油性」で変わる性能

塗料は基本的に「顔料」「樹脂」「添加剤」「溶剤」で構成される。
その中の「溶剤」が水性か油性かによって性能、特徴が変わる。

水性塗料

人と環境に優しい塗料だが性能がやや見劣りする

塗料は大きく分けて、水性塗料と油性塗料の2種類。水性塗料とは水を溶剤としており、においや引火性が少ないのが特徴。人や環境に優しい塗料として近年多く採用されているが、耐候性が低く、汚れが付着しやすいデメリットもある。

+ 溶剤

溶剤が水。
水で希釈させ、
塗料を塗りやすくしている。

顔料
樹脂
添加剤

水性塗料

メリット
・値段が安い
・においがほとんどない
・環境に優しい

デメリット
・耐久性が油性より劣る

油性塗料

高い耐久性と密着力が魅力取り扱いは慎重に

油性塗料はシンナーを溶剤とした塗料。耐久性と密着力に優れているが、においの強さや乾燥時間の長さ、ひび割れの入りやすさなどが短所。使用する場所を見極めて、慎重に扱う必要がある。塗料には、それぞれメリットとデメリットがあるので、特徴を踏まえた上で、適切なものを選択しよう。

+ 溶剤

溶剤がシンナーなど。
（弱溶剤→溶解力の弱いシンナーを使用
強溶剤→溶解力の強いシンナーを使用）
シンナーで希釈させ、
塗料を塗りやすくしている。

顔料
樹脂
添加剤

油性塗料

メリット
・耐久性が高い
・塗料の密着が良い

デメリット
・値段が高い
・においがきつい
・保管が難しい

※溶剤についての詳細は
→13ページへ

まとめ 塗料の長所と短所を把握して、塗装箇所を検討しよう。
一般的には、水性塗料は外壁、油性塗料は屋根に塗布するのがおすすめ。

耐久性・コスト・性能を究めた
最高の塗料

塗料の知識②

塗料の使用方法の違いを解説
1液型と2液型の違いは「硬化剤」がポイント

塗料には使用形態として「1液型」と「2液型」がある。
ここでは、それぞれの違いや特徴を紹介しよう。

1液型と2液型

**近年では、1液型と2液型の
メリットを兼ね備えたものも**

塗料には、1種類の液体だけでそのまま使える「1液型塗料」と主剤（顔料・添加剤・溶剤）と硬化剤（樹脂）の2種類を現場で混ぜて使う「2液型塗料」がある。作業性を考えると、1液型の方が素人でも使いやすく価格も安価。しかし2液型の方が耐久性は高くなる。近年では、2液型で1液型同様の使いやすさを実現するものや、1液型で2液型に匹敵する性能を持つ塗料も登場している。

【1液型】
そのまま使用できる

メリット
・扱いやすい
・値段が安い
・使いまわしができる

デメリット
・耐久性が低い
・艶が落ちやすい

【2液型】
硬化剤（樹脂）を混ぜて使用する

樹脂（硬化剤）を入れる

メリット
・耐久性が高い

デメリット
・扱いにくい
・値段が高い
・使いまわしができない

塗装まる分かり表

水性塗料と油性塗料、一般的に耐久性に優れているのは油性塗料だが、水性塗料にもメリットは多く、油性塗料にもいろいろな種類がある。ここで比較してみよう。

水性 — 水性塗料 — 溶剤
・においが少ない
・手間がかからない、塗りやすい
・耐久性、密着性○
・環境に優しい
  - 1液型
  - 2液型　主剤と硬化剤を混ぜて使う

油性 — 油性塗料
強溶剤
・においがきつい
・耐久性、密着性◎
・環境にあまり良くない
・手間がかかる
  - 1液型
  - 2液型　主剤と硬化剤を混ぜて使う

弱溶剤
・においが少ない
・耐久性、密着性○
・環境に優しい
・手間がかかる
  - 1液型
  - 2液型　主剤と硬化剤を混ぜて使う

コラム 同じ名前の塗料でも中身が違う？ 安さだけで選ぶ落とし穴

例えば、数社にシリコン塗料を塗装する場合の見積もりをもらったとき、
同じシリコン塗料でも値段が違うことがある。そのからくりを解説しよう。

例えば…

A社

シリコン塗料
1,600円／㎡

B社

シリコン塗料
2,800円／㎡

何が違うのか
分からない!!

違いの見分け方

①水性塗料と油性塗料の違い

安価な塗料は、ホームセンターなどで売られている水性塗料とグレードが同等品の場合が多い。油性塗料に比べて、耐久性や密着性が劣る。

A社 ＝水性

B社 ＝油性

②1液型と2液型

1液型は、ホームセンターなどで売られている油性塗料とほぼ同グレード。プロによる外壁塗装で使用されているのは、耐久性・密着性・耐候性に優れた2液型が中心だ。その分、1液型に比べ高価。

A社 ＝1液型

B社 ＝2液型

③樹脂含有量の違い

塗料は樹脂の含有量によって価格が変化。汎用シリコン樹脂塗装は、シリコンの含有量が3～5％で耐久年数は10年ほど。8％以上の高級シリコン樹脂塗料になると15～20年になる。

A社 シリコン樹脂 ＝ 3%

B社 シリコン樹脂 ＝ 30%

④塗布量の違い

会社によっては塗料を多めに希釈して薄く塗る事例もある。メーカーの指定に沿って正しく塗らなければ、塗料本来の機能が発揮されない。打ち合わせの際に、使用する缶の数を必ず確認しよう。

A社 ＝8缶

B社 ＝12缶

シリコン塗料には、さまざまな種類があり仕上がりもまったく異なる。使用するシリコン塗料を決定するのは、通常現場を確認した担当者。家の状態を正確に分析して、最適な塗料を提案してもらわなければならない。専門的な知識が必要な塗料選びは、信頼できる会社を選び、その会社に相談する必要があるのだ。

色選びの方法を押さえる

十数年後も寄り添う大切なカラー

外壁リフォームの楽しみでもあり難しさでもあるのが「色選び」。
家のデザインや周辺環境との調和も踏まえて考えると
家には、似合う色と似合わない色がある。
ポイントは、「好みの色より似合う色」で選ぶこと。
仕上がりに後悔しない色の選び方を学んでおこう。

色の基礎知識を学ぶ

サンプルを参考にするときは彩度と明度が低めのものを選ぶ

サンプルから色選びをするときのポイントは、イメージしている色より彩度と明度を下げて選ぶこと。小さな面積のサンプルで選んだ色を大きな壁面でみると、数倍明るく鮮やかに感じるからだ。大きめの実物サンプルを見たり、試し塗りをしてもらうと、より実物に近いイメージを持つことができる。色見本で即決せず、色の特性を踏まえてしっかりと吟味しよう。

同じ色でも室外と室内では見え方や雰囲気が変わってくる

色は光源によって、見え方が変わってくるもの。例えば、太陽光の下では同じ色に見える2枚の色票を蛍光灯の下でみると違う色に見えたりする。また、蛍光灯の下では白く見えていた色が、白熱灯の下では、少し黄色がかって見えることもある。つまり、光源が蛍光灯か太陽光かによって、色の感じ方がまったく変わってしまうのだ。外壁塗装の色を考えるときは、室内ではなく、実際に外壁のある室外で選ぶことが大切だ。

色見本と実物では、色の見え方が違う

薄い色　→　**色見本**（狭い面積）　→　**実物**（広い面積）　濃い色

より薄くなる!?　　より濃くなる!?

室外と室内では、色の見え方が違う

室外　室内

太陽の下と蛍光灯の下では同じ色でも違う色に見える

理想の色を見つけるためのステップ

イメージを膨らませるには
町を歩いて具体例を見て回る

「自分がどんな家にしたいか」というイメージを膨らませるためのヒントを集めるために、リフォーム会社に事例の写真集を見せてもらうことも1つの手だが、その他の手段として町を散策してみるのもおすすめ。実際に人が暮らしている家を見て回ると、「どんな色が好みなのか」「どんな家にしたいのか」を改めて知るきっかけになる。意外と近くに、家づくりのヒントが転がっているかもしれない。

周辺環境をよく観察

まわりに建つ家のことも考えて色を決めよう

家のイメージが見えてきたら
具体的なデザインを考える

色の大まかなイメージが決まったら、今度はデザイン。1階と2階の色を分けたツートンとすべて同じ色で統一するワントーンのどちらにするのか。また、雰囲気はキュート、モダン、スタイリッシュのどれにするのかなど、大まかなデザインのイメージを固めていく。どんな色をセレクトしても、長年住み続ければ経年劣化や汚れはつきものだが、できるだけ汚れが目立ちにくい色を選んでおくこともポイントだ。

イメージを固めよう

色やおおまかなイメージを家族で決めよう

3Dシミュレーションを使って
イメージを具体化する

ぼんやりとした頭の中のイメージをカタチにできるのが3Dシミュレーション。自宅の写真に希望するカラーを合わせ、イメージに近い模擬写真をつくることができる。施工後の雰囲気をパソコン上で事前に比較検討でき、急な内容変更にも対応できる優れもの。ツートンなど、さまざまなパターンでのシミュレーションが可能だ。しかし、色彩の微妙な差異を正確に表現することはできないので注意が必要。

デジタルシミュレーション

3Dシミュレーション　実物

大きめサイズの色見本は
実際の家の外壁でチェック

大きめサイズの色見本をもらったら、それを実際の家の壁に重ね合わせて、全体がその色になった場合の雰囲気を確認する。その際も色見本を見るときと同様に、屋外でチェックすることが大切。家の周辺環境にも配慮が必要だ。また、四方で光の当たり加減が違う場合は四面ともチェック。細かいくぼみなどにも色見本を当てて、色の変化を見ておくと安心できる。色は光の当たり具合で変化することも頭に入れておこう。

実物大で色を見よう

艶の度合いや質感も確認できるので、仕上がりイメージを把握できる

色選びで失敗しないためのコツ

変えられない部位との相性や
近隣住宅との調和に考慮

外装には色を変えられない部分がある。例えばレンガの赤やサッシ枠の白、外構など。変更できない部分との相性に配慮して色を選ぶ必要があるのだ。屋根の塗装をしない場合は、既存の屋根と施工する外壁の色の調和も考慮しよう。また、変えられないものの1つに近隣住宅の色がある。鮮やかな色を検討中の人は、近隣住宅との兼ね合いを考えながら細かい色調整を行い、周辺環境との調和に努めよう。

元のまま色が変わらない部分
- アルミサッシ・アルミ雨戸・雨戸レール
- アルミ面格子・手すり・花台
- 屋根・雨どい
- 玄関ドア・玄関まわりのタイルなど
- 近隣の家

彩度の高いカラーは
色褪せしやすいデメリットも

家に個性を求める人も多い時代。彩度の高い色（鮮やか・ビビット色）を検討する人も多いのではないだろうか。彩度の高い色は、華やかな雰囲気を演出する反面、色褪せしやすいのがデメリット。長期にわたって色褪せを防止したい場合は、彩度の低い色を塗装した方が安心だ。

■高彩度のデメリット
- 周囲の環境になじまず、騒色になる
- 高級感が得られにくいことが多い

■低彩度のメリット
- 周囲の環境になじみ、優しい雰囲気に
- 上品で落ち着いた雰囲気が得られる

純白はオフホワイト系、
漆黒はグレー系で汚れの目立ちを緩和

ほんの少し汚れがついただけでも目立ってしまうのが、純白や漆黒の壁。純白の場合、少し明度を抑えた白系の塗料を使用するのがポイント。また、漆黒の場合は少し白みがかった黒系を選択すると汚れの目立ちが緩和される。個人差もあるので、気になる方は専門家に聞いてみよう。

外壁の種類や艶の有りなし
凹凸で色の見え方が変化

色は外壁の種類や艶、凹凸などの影響で見え方が異なるもの。艶消し塗料は艶のある塗料に比べて、少し白っぽい仕上がりになる。また、スタッコ調やサイディングの模様による影の影響で、色が濃く感じられることもある。実際に塗料を家に塗ってもらい、確かめてみるのも1つの手だ。

純白と漆黒には注意

純白より、少し黄色味がかった色

漆黒より少し白が混じった色

自分の家を触ってチェック

凹凸や模様のある壁は、色の見え方が違ってくるので注意

ホワイト・クリーム系

ビビット系などの鮮やかな色に比べて、ナチュラルな雰囲気で庭のグリーンや町並みにも調和しやすいカラー。明るくて淡いトーンをメインに、濃いブラウンやナチュラルブラウン、グレーなどの色を軒天や雨どいなどの付帯部分にアクセントとして使用すると、全体的にまとまりが出る。ホワイト・クリーム系の外壁＋オレンジの屋根は、かわいい系の定番。

タイルやシェードの色をやわらかな暖色系で統一。視覚的な温かさを加えた

温かな黄色ベージュを採用。付帯部分は濃い色に塗装してメリハリをつけた

屋根の色は、1カ月考え抜いてやわらかなオレンジに決定。近所の評判も良く、お隣も同じ施工会社にリフォームを依頼

ブラック・グレー系

真っ黒な壁は、ちょっとしたキズや汚れが白く際立ってしまうため、近づいてみるとかなり汚れが目立ったり、劣化しているように見える傾向がある。また、黒すぎる色は重圧感があり、一般住宅には向いていないかもしれない。ブラック系の色を選ぶなら、少しトーンを落としたグレー系がおすすめだ。

①ライトグレーだった外壁を高級感漂うダークグレーに塗装。以前とは異なるモダンな雰囲気に　②ストライプを効果的に使ったYKKAPの「アルカベール」を採用。色は「スミゾメ」を選択　③格調高い外壁は、和の蔵をイメージ。お子さんも「かっこいい」と大満足

ツートン系

1階と2階の間に帯を設けて、上下をツートンカラーにするのが若い年齢層を中心に人気。ツートンにするときのポイントは、1階と2階の明度差（明るさの差）をしっかりと持たせること。上下の色合いが近いと、ぼやけた印象になってしまう。また、選ぶカラーは3色が限度。それ以上増やすと統一感のない印象に。

①外観写真の色を自由に変えられる3Dソフトでイメージを膨らませ、チョコレート色とアイボリーのツートンカラーに決定　②外壁の一部をダークブラウンに塗り替えて、建物の印象を引き締めた　③色選びはカラーシミュレーションとカタログを参考に検討し、グレーとホワイトをセレクト

カラフル系

彩度の高い色（鮮やか・ビビットな色）は色褪せしやすいので注意が必要。長期にわたって色褪せを防止したい場合は、彩度の低い色で塗装するのがおすすめだ。カラフル系の色を選ぶ際には、自然の色より目立たない色を選ぶのがポイント。例えば、道路沿いにある木よりも濃い緑色をしている家は、完全に景観を崩しているといえるだろう。自然を引き立たせる色を意識して外壁の色を選ぼう。ただし、同系色でも色のバランスをうまくまとめれば、景観に合った外観をつくることができるので、担当者に相談しよう。

グリーンの外観から、鮮やかなオレンジ色で美しい外観に変わった

遠目にも分かる美しい発色とほどよい落ち着きを備えたブルーグレー

塗料はマットな仕上がりが魅力の「ガイナ」。鮮やかなグリーンの外壁に、玄関部分の薄いグリーンを合わせた技ありツーカラー

圧倒的な性能向上を手に入れる

カバー工法で賢い住まい

外壁リフォームは塗装による塗り替えが一般的だが、
中には塗装できない外壁材もある。
そんなとき頼りになるのが現状の外壁に重ね張りをする「カバー工法」だ。

外壁リフォームの方法は
大きく分けて3種類

外壁の一般的な施工方法は塗装。しかし、どの外壁にも塗装できるわけではない。外壁材には、劣化がひどく塗装できない、あるいは塗装自体が不向きなものがあり、それぞれの外壁に合った工法を判断する必要がある。工法は「塗り替え」「張り替え」「カバー工法」の3つ。おすすめは「カバー工法」。今ある外壁を壊すことなく、新しい外壁を上に重ね張りする手法でメリットも多い。リフォームのしやすさを追求した工事方法といえる。

費用の削減や工期の短縮など
メリットが盛りだくさん

カバー工法のメリットは、新しいサイディングやタイルを上に重ねて張るため、張り替えに比べて解体の手間がなく廃材が少ない点である。費用が大きく削減できるのはもちろん、工事期間も短くて済む。また住みながらのリフォームで問題になりやすい、音やホコリに悩まされることもない。さらに、外壁を重ね合わせることで、断熱や防音などの機能を付加することもできる。そのため、断熱リフォームでもよく採用されている。

外壁リフォームの方法

塗り替え
今ある外壁材をきれいに補修し、その上から塗料を塗ること。費用は比較的安く抑えることができる。塗装できない外壁材もあるので注意。

張り替え
その名の通り、今ある外壁材を取り除き、新しい外壁材を取り付けること。劣化した部分を取り除くことができるが、解体や補修費がかかる。

カバー工法
今ある外壁を取り除かず、新しい外壁材を重ねて張るリフォームの手法のこと。屋根、サッシなどにも採用されている。

カバー工法のメリットとデメリット

メリット
・解体や廃材処分の手間や費用を削減できる
・そのため、工事日数を短縮できる
・断熱性や遮音性などの機能を付加できる
・手軽に外観のイメージを変えることができる

デメリット
・初期費用がかかる
・重量のあるサイディングを上張りした場合、その重さでズレを起こす可能性がある
・技術や知識のある会社に施工してもらわないと、施工不良を起こすことがある
・劣化が家の内部まで及んでいた場合、カバー工法では対処できない家もある

注目 カバー工法はこんなにすごい!!

好みに合わせてテイスト自由自在

色の変更しかできない塗装に対し、カバー工法ではレンガ調から重厚感のある石積み風、スタイリッシュな金属系サイディングまで、自由に家の表情を変えることができる。新築のように外観を一新できるのが魅力。

住みながらリフォームが可能

解体音や粉じんを出さないため、住みながらリフォームすることが可能。引っ越し代や仮住まいの手配など、リフォームに付随する費用や手間を省くことができる。その分、工事が早く終わるのもうれしい。

断熱性能アップで省エネ効果

既存の外壁にサイディングを重ね張りすると、空気の層ができる。そこに熱をため込むことで断熱性能がアップ。寒さの厳しい季節も暖房効率の向上やCO_2排出量の削減効果が期待できる。

外から入ってくる熱 / 外に逃げていく熱

外部から入る音を軽減する防音効果も

サイディングの重ね張りは外部からの音を軽減し、防音効果も発揮。ただし、窓の隙間や窓ガラス、換気口からの音侵入の方が多いため、窓の多い家はさほど効果が見込めない。

光熱費も削減でき、長い目でみると低コストで経済的

塗装は約10年に1度の塗り替えが必要。その際、塗り替えだけでなく、外壁材同士の間を埋めるシーリングの補修も行わなければならない。一方、カバー工法の場合、初期費用はかかるものの、20年は大規模な補修が不要で経済的といえる。

壁面積150㎡の住まいをリフォームした場合

塗り替えした場合	カバー工法の場合
初期費用 **100万円**	初期費用 **200万円**
⊕	⊕
リフォーム後20年間のメンテナンス費用 約**200万円** ひび修繕と、10年ごとの塗り替え 約10年ごとにシーリングのメンテナンス	リフォーム後20年間のメンテナンス費用 約**50万円** 約10年ごとにシーリングのメンテナンス
⊕	⊕
リフォーム後20年間の冷暖房費削減 **0万円** 塗装するだけなので、冷暖房費の削減に、有効ではない。	リフォーム後20年間の冷暖房費削減 約**20万円** 年間約1万円の削減の場合。
▽	▽
トータルコスト 約**300万円**	トータルコスト 約**230万円**
はじめのリフォーム費用は安いけれど、20年間住み続けると考えた場合、10年ごとの塗り替えで割高になってしまう。また、外壁材自体が塗り替えだけでは耐久性を維持することができず、結局張り替えになってしまうこともある。	初期費用は、塗り替えより割高だが、その後のメンテナンスの費用を抑えることができる。また、断熱効果で得られる年間の光熱費削減や防音性能の向上によるストレスの軽減もうれしい。

コラム カバー工法は永久にメンテナンスフリー??

再工事が30年必要ない素材もあるが、基本的にメンテナンスの目安は約10年。つなぎ目や窓まわりのシーリングは補修が必要になる。カバー工法の場合でも、メンテナンスは必要だと認識しておこう。

サイディングの種類と特徴を知り最適な選択を

まずは、サイディングの種類を押さえておこう。サイディング材の種類は「窯業系サイディング」「樹脂サイディング」「金属サイディング」の3つ。窯業系サイディングとは、セメント材を中心につくられている外壁材。モルタル壁に変わる新しい外壁材として登場した。樹脂サイディングとは、北米生まれの寒さに強い塩化ビニール樹脂製の外壁材。つなぎ目であるシーリングがないため、メンテナンスの必要がほとんどなく、近年人気が高まっている。カバー工法で最も採用されているのがガルバリウム鋼板などの金属サイディング。優れた耐久性と軽さから屋根材としても使用されている。

外壁の傷みによる不安を解消しようと参加したリフォームイベントで「樹脂サイディング」に出合ったH様ご夫婦。「長期的にみると経済的な上、30年保証も魅力的」と外壁全般のリフォームを決めた。工事前には見た目以外の不安要素がないか、細かなチェックも行われた。（取材協力／アイ・リフォーム株式会社）

カバー工法の施工には正しい技術や知識が必要

外壁カバー工法の場合、既存外壁の状態に注意が必要。雨漏りを起こしていたり、雨が浸入したりしていないか、下地となる既存外壁の状態をしっかりと確認しておかなければならない。また、外壁カバー工法のメリットの1つは、壁が2重張りになり断熱効果が増すということ。その反面、外壁を1度張ってしまうと簡単には剥がすことができない（特に金属サイディング）。そのため、知識、経験、技術を伴い、建物の構造も理解している専門店に診断を依頼することが大切だ。正しい施工を行わなければ、結露などの弊害が起こる可能性がある。

[カバー工法の施工工程]

老朽化の激しかったポーチの基礎部分は、打ち直しを行った

下地になる既存の外壁も入念にチェック。傷んでいる部分は張り替えを行ってから、サイディングを重ね張りする

防水シートや防水テープでしっかりと防水処理を行う

「樹脂サイディング」の役物を取り付けていく

現在のサイディング工事は壁内に通気層を確保する必要がある（通気工法）。胴縁などの下地材を既存外壁に留めていく

カラーは落ち着いた2色を採用。柱やバルコニーの幅に合わせてレイアウトし、デザイン性を高めた。塩害や凍害にも強い高機能住宅へと変身

サイディングの種類

窯業系サイディング
セメント質と繊維質を主原料にした外壁材で、最も多く使用されている。塗膜の劣化を放置すると構造に大きなダメージを与えてしまうデメリットも。

樹脂サイディング
塩化ビニール樹脂製で、弾力性や耐久性に優れる。材料自体に顔料が練り込まれているので、長期間使用しても色落ちしないのが特徴。

金属サイディング
アルミニウムなどの金属鋼板で、デザイン性、耐久性に優れた表面材と断熱性、防火性に優れた裏打材で構成される。軽量でカバー工法に適する。

レンガ風

ブリティッシュスタイルのおしゃれな洋風住宅を彷彿とさせるデザイン。アメリカやヨーロッパで見られるレンガ壁の重厚感を演出する。華やかなイメージへと一新。

スタイリッシュ

すっきりとしてモダンな雰囲気が漂うスタイリッシュ。シンプルで、庭に植えた芝生や植栽とのコントラストが外壁をますます引き立てる。外観の美しさと存在感を備えた家に。

家に表情をもたらす外壁材
好みのテイストをチェック

外観で最も多くの面積を占める外壁材は、家の顔を決めると言っても過言ではない。そのデザインやテイスト、素材は実に多彩。選ぶ素材によって、さまざまな表情を見せてくれる。選ぶ決め手は、素材感と意匠性。長く愛着を持って暮らせるわが家にするため、家族の好みを反映しながら、家のデザインにぴったりの素材を見つけることが大切だ。ここでは、外壁の豊富なバリエーションを紹介しよう。

木目調

ナチュラルな温かさを醸しながら、高級感も演出。モダンさも併せ持ち、和風住宅でも洋風住宅でも似合う独自のスタイルを表現する。

ヨーロピアン

色のトーンによってさまざまな表情を見せてくれるテイスト。濃い色ならエレガントでシックな雰囲気。明るい色は甘さのある愛らしい雰囲気を見せる。

石積み

天然石をシンプルに再現し、その趣を表現。不ぞろいの石を積み重ねたようなデザインは、変化に富み豊かな表情を見せる。洗練された洋風住宅にも古き良き和風住宅にも調和する。

2～3回必要な塗り替えが 1回の工事でOK
約40年間メンテが不要 屋根のカバー工法

Before

After

一般的なスレート屋根の場合、メンテナンスを怠っていると湿気などの影響で屋根材が少しずつ傷み、葺き替えをしなければならない状態になることもある。「繰り返し行うメンテナンスが面倒」という人にぴったりなのが「カバー工法」。約40年間メンテナンス不要で、長期的にみればコストパフォーマンスも高い。
(使用する建材によって、メンテナンス不要期間は異なります。)

下地が傷んでいたら 屋根もカバー工法を

屋根材の約95%はリフォームが必要な資材。軽量スレート屋根やカラーベストなどのコロニアル屋根といわれる屋根材を使用している場合は、塗り替えが最も安価で手軽な方法だ。しかし、すでに防水シートが破れていたり、下地が傷んでいたりした場合は、カバー工法を検討してほしい。ただし、凹凸が大きい屋根や、釘打ちができない場合はカバー工法ができないため、塗装や葺き替えを検討しなければならない。

工期が短くて経済的 長期的な視野で検討を

屋根リフォームの方法は、塗り替え、カバー工法、葺き替えの3種類。カバー工法の場合、既存の屋根材を撤去する必要がないため、葺き替えに比べると工事期間が短く撤去費用も抑えられる。また、廃材が出ないので地球環境にも優しい上、解体の際に出る粉じんを飛散させる心配もない。塗り替えに比べ費用は多くかかるが、その後約40年間メンテナンスの必要がないため、長期的にみるとお得だ。カバー工法にはさまざまなメリットがあるのだ。

こんな屋根は塗装NG

○屋根下地が割れているなどの 劣化が激しい屋根
○数カ所からの雨漏りがある屋根
○屋根下地が腐食している屋根
○コロニアル屋根材にタワミが 発生している屋根

カバー工法ポイント

●20年以上長持ちする高機能屋根を実現
●メンテナンスはほぼ不要で、 費用も抑えられる
●屋根が二重構造となり、雨音の騒音 防止や、断熱性の向上を図れる
●雨の浸入を防ぎ防水性を高める
●解体をしないので、 有害なアスベストを飛散しない

屋根面積100㎡の住まいをリフォームした場合

塗り替えした場合	カバー工法の場合
塗装 約40万円	カバー工法 約80万円(～)
⊕	⊕
塗装 約40万円	
⊕	メンテナンス不要
塗装 約40万円	
⊕	
下地共に葺き替え 約120万円	

20年
↓
40年

トータルコスト 約240万円 6万円/年	トータルコスト 約80万円(～) 2万円/年
初期費用は安いが、定期的なメンテナンスが必要なため、長い年月で見るとカバー工法よりトータルコストがかかる。	軽くて丈夫な金属屋根は、40年間メンテナンスフリーのためトータルコストは安い。また2重構造になることで防音・断熱性・防水性も高まる。

40年で見るとカバー工法の方が 約160万円もお得に

天然石ストーンチップ

屋根カバー工法

注目 ## 石付金属屋根材DECRA 「SENATOR（セネター）」

透明アクリル上塗り
天然石ストーンチップ
独自開発ベースコート
アクリルコート
アルミ亜鉛合金めっき
鋼板
アルミ亜鉛合金めっき
アクリルコート

「SENATOR（セネター）」は、超軽量のため建物に負担をかけずに耐震・免震・制震対策ができる石付金属屋根材。独自の施工方法で屋根をしっかり固定するため、台風など災害に強い。さらに塗装品ではないため退色せず、塗り替え不要でメンテナンスコストを抑えることができる。

耐風圧性 **しっかり固定で、強風でも安心**
独自の頑固なインターロック工法で風速約70m/sに耐えることができる。下から吹き上げる激しい風に強さを発揮する。台風に対する耐久性が優れる屋根材として注目されている。

タイル相互を緊結
強風でめくれない
野地板に固定

断熱性 **光熱費を削減する、優れた断熱性能**
天然石ストーンチップの凹凸が太陽光を拡散し、鋼板との複合効果で速やかに放熱する。屋根材と野地材との隙間が空気層となり、より熱を伝えにくくなるため夏は涼しく冬は暖かく、光熱費の削減になる。

太陽光　ストーンチップ
空気層
熱の侵入を軽減

高耐久性 **優れた耐久性でメンテナンスフリー**
表面が天然石ストーンチップのため、色褪せの心配がなく塗り替えの必要がない。約30年の材料品質保証と、約10年の美観保証がついており、長期的にメンテナンスフリー。サビや塩害にも強い。

雪止め効果 **落雪対策効果を発揮**
表面の天然石ストーンチップの凹凸が雪を止め、急勾配の屋根でも落雪しにくい。雪止め効果のある屋根材として、札幌市建築確認課で認められた。雪止め金具と同等の効果を発揮する。

木造住宅向け金属製屋根材

注目 ## アイジールーフ 「スーパーガルテクト」

超 高耐久ガルバ

断熱性・防火性に優れた
ポリイソシアヌレートフォーム
アルミライナー紙

「スーパーガルテクト」は、屋根材と断熱材をひとつにした独自の材料構成により、軽量で抜群に優れた遮熱性・断熱性を発揮する金属製屋根材。表面材に「超高耐久ガルバ」を採用し、穴あき25年保証と保証範囲も充実。耐久性にも優れているため、沿岸地域でも安心して使うことができる。

耐久性 **さびに強い金属屋根**
ガルバリウム鋼板にマグネシウムを2％添加することにより、めっき層を強化した「超高耐久ガルバ」を採用。一般的なガルバリウム鋼板に比べ、3倍超[※1]の寿命が期待できる。
※1 促進耐食性試験における超高耐久ガルバとガルバ鋼板のめっき部の溶出量の比較

超高耐久ガルバ
AZ150
（めっき付着量150g/㎡）

一般的なガルバリウム鋼板
AZ120
（めっき付着量120g/㎡）

鋼板断面
塗装
めっき層
鋼板

めっき層の厚み
約1.25倍

快適性 **遮熱と断熱のW効果**
表面塗装の「遮熱性フッ素樹脂塗装／遮熱性ポリエステル樹脂塗装」により、大きな遮熱効果を発揮。熱エネルギーに変換されやすい赤外線を反射する効果が大きい着色顔料を使用しているので、日射による屋根表面の温度上昇を抑制する。

裏面温度（℃）
通常塗装鋼板
遮熱性塗装鋼板
その差約15℃
照射時間（分）

安全性 **軽量な金属屋根**
屋根が重いと建物の重心が高くなるため、地震時の建物の揺れ幅がより大きなものに。スレート屋根の約1/4、和瓦屋根の約1/10と超軽量のスーパーガルテクトは、建物にかかる負担を軽減。既存屋根を撤去しない「カバー工法」によるリフォームにも適している。

軽い屋根　重い屋根
重心　重心
地震の揺れ　地震の揺れ

雨どい・軒天・雨戸・ベランダ・笠木・・・

細部まで徹底施工
外装リフォームを成功させるカギ

要チェック！

外装リフォームといえば、屋根と壁を施工するというイメージが強いが、

雨どい、軒天、破風・鼻隠し、雨戸・戸袋、ベランダ、笠木など

外装を構成する部位は実に種類豊富。その部位に合った正しい施工を

行うことが、リフォーム成功への重要なポイントになる。

ここでは細部まで入念な施工を行っているリフォーム会社に

外装リフォームのチェックポイントやその工程を解説してもらった。

取材協力／グッドハート株式会社・株式会社にしやま・株式会社マエダハウジング

細部施工実例
01

雨どい

一般的に普及している雨どいは、塩化ビニール樹脂か合成樹脂でできている。紫外線による劣化などにより耐久年数は約20年。美観性の向上や保護は、雨どいの外側に塗装することで解決できる。また、勾配が取られていない場所などには、草がはえたりゴミがたまっているケースも多い。ただし、歪みや割れは塗装では解決できず、交換を行う必要がある。

雨どいの塗装工程

施工前の雨どいは、劣化して色あせが目立つ状態。塗装してしっかりと補修する

まずは、サンドペーパーなどで表面の汚れを落とすケレン作業。塗料の密着性を高める効果もある

サンドペーパーを、全体にまんべんなくかけ終わった状態。下塗りは行わない場合もある

1回目の仕上げ塗料を塗布

2回目の仕上げ塗料を塗布

完成した雨どい。塗装は美観性の向上に大きな効果を発揮するが、修繕という意味では交換工事がおすすめ

細部施工実例 02

軒天（のきてん）

軒天とは外壁から外側に出ている、屋根の裏部分のこと。素材はケイカル板やスレート板、エクセルボードなどがよく使用される。ケイカル板は、通気性を確保するためにたくさん穴のあいた有孔タイプが代表的。その他、タイルのような模様や、木目のような模様を表面から張ったもの、板自体に色がついているカラーケイカル板などもある。

軒天の塗装工程

まずはサンドペーパーなどで表面の汚れをしっかりと取り除く。状態が悪い箇所には、シーラーなどの下塗り材を塗布

上塗り塗料を塗布

2回目の上塗り塗料を塗布。目地にジョイナーがある場合は、下塗り材を塗る前にサビ止め塗料を塗布する

細部施工実例 03

雨戸・戸袋

強風時に窓を破損から守るだけでなく、防犯の役割も果たしている雨戸。その雨戸を収納するスペースを戸袋と呼ぶ。素材はアルミ製（アルミの場合は塗装不可）やスチール製が一般的。スチール製の場合はケレン作業を行い、サビ止めを塗布する。劣化がひどい場合は、塗装をしてもすぐに塗膜が剥がれる可能性があるので、取り替えがおすすめだ。

雨戸・戸袋の塗装工程

サンドペーパーなどでサビをとるケレン作業を行う

エポキシサビ止めなどの下塗りを1回塗布

1回目の仕上げ塗料を塗布

2回目の仕上げ塗料を塗布

ベランダ・バルコニー・屋上の床

ベランダやバルコニーの劣化を放置すると、雨漏りや老朽化の原因に。劣化する前にしっかりメンテナンスを行うことで、結果的に修繕にかかる費用を抑えることができる。これらの箇所では、美観性より防水機能を高めることが大切。費用対効果が高く工期が短いFRP防水工法をおすすめしたい。FRPは、工場や大型水槽などにも使用されている。

バルコニーの塗装工程

ケレン作業などの下地処理を行い、プライマー(上塗り塗料の密着性をあげる塗料)を塗布

下塗り塗料を塗布した後、防水用樹脂塗料を塗ってガラスマットを敷きつめる。その後、もう1度、樹脂塗料を塗布

中塗り塗料を上から塗装。ガラスマットをサンドペーパーやディスクサンダーなどで平らにし、トップコートを塗って完成

かさぎ
笠木

笠木とは、塀や手すり、腰壁、パラペットなどの1番上の部分のこと。仕上げ材に雨水が浸透しないように施工することがポイントだ。ベランダでは、複数の笠木が角で交わる構造になっているため、そのつなぎ目に隙間ができると雨漏りの原因となることがある。金属製、木製など材質も多彩なので、それぞれに合った施工を行うことが重要だ。

笠木の施工工程

ここではバルコニーの笠木の取り替えを紹介。まずは、既存の笠木を取り除き、壁内の状態もチェック

アルミ製の笠木を丁寧に取りつける

隙間ができないように、接合部分はシーリングでしっかりとカバーする

細部施工実例
06

基礎

基礎コンクリートのクラック（ひび割れ）は、化粧モルタル上のクラックか、基礎本体にまで及んでいるクラックかで補修の必要性が異なる。0.2mm程度のクラックなら、微弾性フィラーなどの下塗り剤を刷り込むだけでOK。クラックが中まで貫通している場合は、「きそきょうこ」（既存住宅基礎ひび割れ補修剤）などで補修する必要がある。

基礎の施工工程

ひびが入っている部分の周囲をはがす

プライマーを塗布する

左官補修でモルタルを塗り込む

新しい部分が少し目立つがきれいになった

細部施工実例
07

水切り

水切りは、外壁から伝わる雨水を土台の中に侵入させない役割を持つ。雨水が浸入すると、土台を腐らせてしまう可能性があるため、しっかりメンテナンスしておく必要がある。材質はアルミ製やステンレス製が中心。施工する場合は、ケレン作業とサビ止め塗料を塗布し、その上から上塗り塗料を塗って仕上げる。

水切りの
塗装工程

ケレン作業で汚れやサビをしっかりと取り除く。その後、サビ止め塗料を塗布

1回目の仕上げ塗料を塗布

2回目の仕上げ塗料を塗布

細部施工実例
08

鉄部（庇）
ひさし

トタンや鉄骨、庇などの鉄部を塗り替える上で、最も重要なのが汚れやサビを落とすケレン作業。ケレンが不十分だと塗料がうまく密着せず、すぐに塗料が剥がれてしまうこともある。丁寧なケレン作業が成功のポイント。また、ケレン作業後はサビ止め塗料を塗るのが基本。丁寧な下準備を行った後、仕上げの上塗り作業が行われる。

鉄部(庇)の塗装工程

ケレンで汚れやサビを取り除いた後、ハケでサビ止め塗料を塗布

1回目の仕上げ塗料を塗布

2回目の仕上げ塗料を塗布

細部施工実例
09

木部（玄関前の柱）

他の部材に比べて劣化が早い木部。外部に面している木部は、定期的な塗り替えが必要だ。施工する場合は、汚れや浮いた塗膜をサンドペーパーなどで削り落した後で塗料を塗布する。また、外部木部は防腐も必要となるため、防腐剤が入り木目が残る「キシラデコール」や木目を完全に隠す「ガードラック アクア」などの塗料がおすすめ。

木部(玄関前の柱)の塗装工程

サンドペーパーや電動工具を使って、汚れや古い塗膜を落とす

「ガードラック アクア」を塗布

乾いたらもう1度「ガードラック アクア」を塗布する

外壁・屋根リフォームが得意な
全国の優良企業紹介
32社

外壁・屋根は、住まいを雨風や騒音から守る大切な場所。
だからこそ、リフォームの専門知識があり、
誠意ある対応をしてくれる会社を見つけたい。
ここでは、お客様に寄り添い、
丁寧な提案をしてくれる地域密着の優良企業を紹介しよう。

青森県　外壁・屋根・外構リフォーム、造園

塗装工事を通じて「お役立ち」と「幸せ」を提供！

株式会社佐々木商会／ガイソー八戸店

青森・八戸の外壁塗装で
住宅・公共施設の実績 No. 1

新商品勉強会やマナー勉強会の定期実施をするなど日々、お客様への「お役立ち」に取り組んでいる

創業以来70年の信頼と実績のノウハウを駆使し、的確な外装診断、品質重視の工事を行う佐々木商会。長期耐久型塗料の取り扱いをはじめ、最長10年保証のアフターフォローもうれしい。また、社員マナーも徹底されているので、一つ一つの対応に満足でき、安心できると好評だ。

こだわり

「外装リフォームが全て分かるショールーム」がコンセプト。ショールームだけの見学も可能。

代表あいさつ

代表取締役
佐々木 康之

わが社の価値は「お客様へ最高のお役立ちを提供すること」。社員の喜びは「お客様に感動していただけること」。そんな塗装専門店を目指しています。

DATA

株式会社佐々木商会／ガイソー八戸店

■本 社
㊟青森県八戸市城下3-9-10
☏0120-846-339
℡0178-43-2632
℻0178-45-9040
🕐8:00〜17:00
㊡日曜、祝日

佐々木商会 八戸 検索

青森県　外壁・屋根・内装リフォーム、新築

快適な住環境を確かな技術でご提供

株式会社セイユウ

メーカーからの当社オリジナル塗料
「KAGAYAKI」を使用し最強のコスパを実現

After　Before

住まいの診断・工事の見積もり無料！ 塗装で困っていることや、塗装についてわからないことなど、気軽に問い合わせを

青森市を中心に創業39年、手掛けた塗装工事は5,000件以上の実績を持つ。見積もりから施工まで一貫して請け負い、的確な施工前診断と材料選びで信頼を得ている。値段だけでなく、数年後に差が出る仕上がりにも、自社職人が自信をもって施工する。

こだわり

「KAGAYAKI」ブランドである、フッ素樹脂、無機塗料は中間マージンを無くしてメーカーから直接仕入れることにより、一層のコストパフォーマンスを実現。さらに冷暖房効率のアップが期待できる断熱塗料「キルコ」も採用。

代表あいさつ

代表取締役
佐藤 輝美

塗装業36年の経験を生かし、お客様に施工後、その数年後もしっかりご満足いただけるよう、最高のコストパフォーマンスを常に目指しています。

DATA

株式会社セイユウ

■本 社
㊟青森県青森市油川字柳川58-7
☏0120-915-892
℡017-763-2662
℻017-788-7526
🕐7:00〜18:00
㊡なし

セイユウ 青森 検索

宮城県　外壁・屋根・内装リフォーム

お客様の希望・期待・願いを第一に

株式会社仙台美装

年間50棟以上の実績を持つ
塗装のプロフェッショナル

塗装・防水・左官・内装工事等、各種工事を行っている

仙台美装の企業理念は、「お客様の希望・期待・願いを第一に」。お客様のニーズをすべての出発点にして、「絶対的によいこと」を追求し社会に求められる理想の塗装店を目指している。そのためにも技術向上と人間作りを重視し、心から喜ばれる会社への発展を志す。

こだわり

お客様が安心できるよう工事の進行や写真をいつでも確認できる最新の工事管理アプリを導入。また全国的にも珍しい女性の一級建築塗装技能士が在籍している同社では、親しみやすく明るい職人による丁寧な施工が評判だ。

代表あいさつ

代表取締役
横山 祐治

お客様のご要望にお応えするために、ノウハウの蓄積にとどまらず知識の習得と技術の向上に努め、塗装のプロフェッショナルとして地域№1を目指しています。

DATA

株式会社仙台美装

■本 社
㊟宮城県多賀城市笠神5-21-46
℡022-369-3775
℻022-369-3778
🕐9:00〜18:00
㊡土・日曜、祝日

仙台美装 検索

福島県　外壁・屋根リフォーム

大切な住まいをリブリスホームが守ります

リブリスホーム福島店

『新築みたいになった』
これが私たちのこだわりです

超高耐久塗料を用いてデザインシミュレーションをし、世界でただひとつの"あなただけの住まい"を実現する

千葉県を中心に全国展開するリブリスホームでは、施工・品質・安全を徹底管理。単に外壁を塗り替えるだけでなく、デザインシミュレーションした上で新築のワクワク感を提供。「リブリスホームに頼んで良かった」と言われるようお客様に寄り添う提案をしている。

代表あいさつ

代表
成井 勇哉

日本で実績のある塗料と最高技術を持つ一級塗装技能士のコンビネーションで、あなたのお家を新築同様に。安心の補償内容でアフターフォローも充実。

DATA

リブリスホーム福島店

■福島店
㊟福島県郡山市駅前2-3-7 2F
☏0120-963-403
🕐8:00〜20:00
㊡夏季休暇、年末年始

■千葉本社
■市川店
■茨城店
■神奈川店
■埼玉店
■静岡店
■三重店
■南東京店

リブリスホーム福島店 検索

㊟=住所 ☏=フリーダイヤル ℡=TEL ℻=FAX 🕐=営業時間 ㊡=休日

84

茨城県　外壁・屋根リフォーム
つくば・土浦を中心に営業している高い技術を生かした塗装専門店

株式会社奥広／PAINT LINE茨城つくば店

十数年に1度の塗装工事だから
もっとワクワクしてほしい！

LINE公式アカウントではセミナーやイベント情報、近隣のお店で使えるお得なクーポンも配信中。ぜひご登録を！

Smile by painting 「外壁塗装をもっと楽しもう！」をモットーに、お客様がワクワクする施工をプランニング。施工時には1級塗装技能士が着工から完了まで責任を持って施工にあたる。超長期保証も完備。「お客様とは一生涯のお付き合いを」との思いからアフターケアもバッチリだ。

こだわり

奥広は公共事業から民間工事、大型マンションから戸建てまで幅広い現場を施工。年間150棟を超える外壁診断を行う中で、現在のお客様に本当に必要な工事、未来のお客様に必要な価格を提案している。

代表あいさつ

代表取締役
小椋 直樹

奥広代表でペイントアンバサダーの小椋です。施工後にお客様が満足する、これが本当のバリューだと考えています。中身のない施工は追放していきます。

DATA

**株式会社奥広／
PAINT LINE
茨城つくば店**

|本 社
㊤茨城県土浦市荒川
沖東3-3-2 OGビル2F
☎0120-17-0916
📠029-896-6594
🕐9:00～18:00
㊡日曜

`奥広` `検索`

茨城県　外壁・外構・屋根・内装リフォーム
ホームサービスの外壁塗装は、美観と耐久性を追求いたします。

ホームサービス株式会社／PAINT LINE茨城水戸店

建築士や雨漏り鑑定士が在籍‼
安心の外壁塗装・雨漏り専門店

外壁塗装サンプルや施工実績実例などを豊富に取りそろえたショールームは駐車場完備。ホームページにも施工実例多数掲載

茨城県水戸市を中心とした外壁・屋根塗装・雨漏り専門店。高品質な塗料をリーズナブルに提供し、着工から完工後のアフターメンテナンスまでお客様満足度の高いサービスを目指している。スタッフの知識向上と職人との連携により、紹介やリピートのお客様も多い。

こだわり

ホームサービスでは美観と耐久性を追求した外壁塗装を実現し、年間の施工実績は約400棟。工事完了後も無料点検により住まいの安心を全力サポートするなど、お客様のニーズに応えたサービスが信頼を得ている。

代表あいさつ

専務取締役
力丸 広昭

ホームサービスでは、高品質な外壁塗装を企業努力によりリーズナブルかつ即日見積りにてご提供し、地域の多くの皆様にご利用いただきたいと考えております。

DATA

**ホームサービス株式会社／
PAINT LINE茨城水戸店**

|本 社
㊤茨城県水戸市
上水戸2-9-3
☎029-353-7875
📠029-353-7876
🕐9:00～18:00
㊡月・火曜（祝日は営業）、
GW、年末年始、夏季休暇

`ホームサービス水戸` `検索`

栃木県　外壁・屋根リフォーム
もう塗らない！ 外壁塗装の常識を塗り替える‼

株式会社十文字／PAINT LINE宇都宮店

国家資格一級建築塗装技能士在籍
最大20年間の品質・施工W保証＋家検

無料アフター定期メンテナンスを実施するなど保証も充実。住宅メンテナンスの総合プラットホームとして住まいをサポートしている

一般的な塗料で住まいの塗り替えを行うと、生涯に3回以上の工事が必要とされている。しかし、それでは確実に家計を圧迫すると考え、十文字では本当に長持ちする高品質、超高耐久塗料を用いることで塗り替えサイクルを最大化、コスト削減を実現している。

こだわり

①品質保証・工事施工保証のW保証、②自然災害発生時も安心の日本住宅保全協会、③資産価値への安心・住宅履歴情報協議会、④安心のメンテナンス・LIFULL HOME'S OWNERSを会員特別価格で提供

代表あいさつ

代表取締役
十文字 隆裕

【家検文化を栃木県に定着させる】ことを理念に、一度の工事で終了ではなく、生涯にわたってお客様に寄り添うLIFE PLANNING ADVISORとして提案をしています。

DATA

**株式会社十文字／
PAINT LINE宇都宮店**

|本 社
㊤栃木県宇都宮市
白沢町2020-7
☎028-612-1938
📠028-612-1958
🕐8:00～19:00
㊡水曜、第2・4木曜、祝日

`ペイントライン宇都宮` `検索`

千葉県　外壁・外構・屋根・内装リフォーム
私たちは地域のお家を守り続けます

マナカリフォーム株式会社

稲毛と四街道密着で"信頼"を第一に
工事で失敗する人を減らす！

見積りは複数パターンを用意。お客様の予算や要望に応じてお家にあった最適なプランを決めることができる

マナカリフォームは、大手塗料メーカー・アステックペイントの2020年度施工実績において全国・千葉県ともに第1位の実績を持つ。2022年度は施工実績千葉県第1位及びお客様満足度全国1位を獲得するなどし、県内で500棟以上の実績を重ねている。

こだわり

塗装面積を間違うと塗膜が薄くなり色褪せる原因に。そこで同社では施工現場にも積極的にITを導入。PCソフトで塗装面積を正確に算出した上で最適な塗料を準備して塗装するため、仕上がりもきれいに。

代表あいさつ

代表取締役
間中 明世

弊社では、悪徳業者がするようなことは一切行わず、正直・誠実な対応を心がけております。まずはHPをご覧になってください。

DATA

マナカリフォーム株式会社

|本 社
㊤千葉県千葉市稲毛区
稲毛東2-17-10
☎043-307-1087
📠043-307-1499
🕐9:00～18:00
㊡水曜

|四街道支店
㊤千葉県四街道市
大日418-12

`マナカリフォーム` `検索`

千葉県　外壁・屋根リフォーム
大切な住まいをリブリスホームが守ります

株式会社リブリスホーム

『新築みたいになった』
これが私たちのこだわりです

超高耐久塗料を用いてデザインシミュレーションをし、世界でたただひとつの"あなただけの住まい"を実現する

千葉県を中心に全国展開するリブリスホームでは、施工・品質・安全を徹底管理。単に外壁を塗り替えるだけでなく、デザインシミュレーションした上で新築のワクワク感を提供。「リブリスホームに頼んで良かった」と言われるようお客様に寄り添う提案をしている。

代表あいさつ

代表取締役
成井 友香

私たちはお住まいの美しさと耐久性を追求し、お客様の期待を超えるサービスを提供します。お客様との出会いを大切に安心と安全な暮らしをご提案します。

DATA
株式会社リブリスホーム
■ 本社
㈲ 千葉県船橋市
　　馬込西2-18-14 2F
☎ 0120-963-403
営 8:00〜20:00
休 夏季休暇、年末年始

- 市川店
- 茨城店
- 神奈川店
- 埼玉店
- 静岡店
- 三重店
- 福島店
- 南東京店

株式会社リブリスホーム 検索

東京都　外壁・屋根リフォーム
外装・屋根・内装・全面改装など世田谷の総合リフォーム会社

株式会社エムアンドエス／PAINT LINE東京世田谷店

工事完了後がお客様との本当の関係
末永く必要とされる地域に密着した会社

自社倉庫も構えており、屋根材、塗料、雨どいなどを実際に見ることもできる。見積もり無料。ぜひ、お気軽にお問い合わせを

4,000棟以上の施工実績があり、社内に屋根板金職人や大工、電気工事士、塗装職人が在籍。工事開始時の近隣への挨拶などの気配りもうれしい。ドローン診断や火災保険なども対応。工事中は専任担当者が不明点などに対応してくれるので安心して依頼できる。

こだわり
最大15年の保証制度や工事内容にご納得いただいてからの完成後お支払いOK制度。社内の自社職人が急な依頼も対応可能。公的機関に認められた30年耐用塗料の正規代理店。国土交通大臣登録リフォーム団体加盟店。

代表あいさつ
取締役
是木 洋一

私たちは工事が完了してからがお客様との本当の関係が始まると考えています。アフターフォローを重視し「家のかかりつけ医」となるよう全力でサポートいたします。

DATA
株式会社エムアンドエス／
PAINT LINE東京世田谷店
■ 本社
㈲ 東京都世田谷区
　　粕谷1-11-24
☎ 0120-842-910
℡ 03-5357-8651
F 03-5357-8652
営 9:00〜18:00
休 日曜、GW、夏季休暇、
　　年末年始

ペイントライン世田谷 検索

東京都　外壁・屋根・内装リフォーム
大切なお住まいに、本物の塗装工事をお届けします

株式会社幸和

行列のできる塗装店！
自社職人による塗装工事のプロ集団

塗装業界では数少ない「外装専門ショールーム」。外壁や屋根の模型により、構造から学ぶことができる

「お客様を笑顔にする」をスローガンに、下請けを一切使わない「自社職人」「自社施工」の塗装店。多くのお客様の信頼を得て、常に数カ月先まで予約で埋まる「行列のできる塗装店」と呼ばれ、2021年に東京・横浜エリアで「塗装工事を依頼したい会社」第1位に選ばれている。

こだわり
「見やすく・触れやすく・分かりやすく」をテーマに外装専門ショールームをご用意。普段見えない場所を「見える化」することで、お客様により安心していただける。カラーシミュレーションシステムも完備。

DATA
株式会社幸和
■ 多摩ショールーム
㈲ 東京都多摩市落合
　　2-33 クロスガーデン3F

■ 横浜ショールーム
㈲ 神奈川県横浜市都筑区中川
　　1-4-1 ハウスクエア横浜3F

■ 東京ショールーム
㈲ 東京都新宿区西新宿3-7-1
　　新宿パークタワー6F

☎ 0120-031-475
℡ 042-313-7631（代表）
F 042-313-7632
営 9:00〜18:00
休 日曜、夏季休暇、年末年始

幸和　多摩市 検索

東京都　外壁リフォーム、新築、造園
施工からアフターフォローまで末永いお付き合いお時間の共有を

Shield Japan株式会社／PAINT LINE相模原店

社会の人々に喜んでいただくために
お客様に最善のプランをご提案

豊富な施工実績を持つプロ集団が在籍。なかでもシーリングに特化した職人技が光り、仕上がりの美しさには定評がある

Shield Japan株式会社では、「社会の人々に喜んでいただく」を社訓に創業わずか10年で年間約3000棟に及ぶ新築シーリング工事を実施。その信頼と実績を生かして、リフォーム業界でもさらなる安心と信頼を得られるよう取り組んでいる。

こだわり
同社のショールームでは、最大期待値30年の耐用塗料をはじめとする最新製品が展示されているため、ぜひ気軽に訪ねて塗装見本のチェックを。外壁塗装のプロからの専門的なアドバイスももらえる。

代表あいさつ
現場管理部 部長
吉本 匠

弊社に関わるすべての人たちと、幸せと安心の共有を目指しています。そして、常に社訓の精神のもとお客様に幅広い喜びを提案させていただきたいと考えています。

DATA
Shield Japan株式会社／
PAINT LINE相模原店
■ 本社
㈲ 東京都町田市
　　西成瀬3-8-2
☎ 042-728-7767
F 03-4283-7370
営 9:00〜18:00
休 水曜

■ ショールーム
㈲ 東京都町田市森野
　　4-17-16 小山ビル101

Shield Japan 株式会社 検索

㈲=住所 ☎=フリーダイヤル ℡=TEL F=FAX 営=営業時間 休=休日

東京都　外壁リフォーム、新築
外壁塗装からサイディングカバー工法など選べる外装リフォーム

有限会社ネクストワン

ランニングコストまで考えた工事内容を
お客様の予算に応じて提案

新築時の防水工事をはじめとする外装仕上げの施工などを予算やニーズに合わせて提案している

雨漏り修繕や屋根・バルコニーの防水工事・外壁の塗り替えやサイディング張り替え・シーリング材の打ち替え・屋根材の葺き替えなど、営繕から新築・増改築まですべて自社施工しているので安心。お客様の目線で無駄のない納得の施工を心掛けている。

こだわり

樹脂サイディング・外壁塗装・屋根材の葺き替えなどの工事を自社で施工しているので、スタッフ全員にノウハウがあるのはもちろん、施工内容の金額的な比較もでき、ランニングコストなど多角的に相談できる。

代表あいさつ

代表取締役
打矢 健一

口コミだけで20年、いろいろな工事に携わってきました。これからもお客様の満足を得られるように「三方よし」の精神で精進してまいります。

DATA

**有限会社
ネクストワン**
■本 社
◉東京都日野市
旭が丘2-32-1
☎042-511-9593
📠050-3156-1105
🕘9:00～18:00
休土・日曜、祝日、年末年始

[ネクストワン 日野市] 検索

東京都　外壁・屋根リフォーム
大切な住まいをリブリスホームが守ります

リブリスホーム南東京店／株式会社Cozy joy

『新築みたいになった』
これが私たちのこだわりです

デザイン塗装 × 高性能塗料
REBLISS HOME

超高耐久塗料を用いてデザインシミュレーションをし、世界でただひとつの"あなただけの住まい"を実現する

千葉県を中心に全国展開するリブリスホームでは、施工・品質・安全を徹底管理。単に外壁を塗り替えるだけでなく、デザインシミュレーションした上で新築のワクワク感を提供。「リブリスホームに頼んで良かった」と言われるようお客様に寄り添う提案をしている。

代表あいさつ

代表取締役
成井 美友

お客様と出会えたご縁に感謝！末永いお付き合いができるように、工事後もお家についてどんなことでも相談できる相手としてサポートいたします。

DATA

リブリスホーム南東京店／株式会社Cozy joy

■南東京店
◉東京都中央区日本橋
室町1-11-12 7F
📠0120-963-403
🕘8:00～20:00
休夏季休暇、年末年始

■千葉本社
■市川店
■茨城店
■神奈川店
■埼玉店
■静岡店
■三重店
■福島店

[リブリスホーム南東京店] 検索

神奈川県　外壁・屋根リフォーム
安心な暮らしをサポートする塗装専門店

有限会社沼田塗装店

確かな技術と豊富な知識で
安心安全のトータルサポート

工事後の1年点検を実施するなどお客様の安心をサポート

創業70年になる沼田塗装店は、企業理念である「地域と共に彩りのある社会価値を創出する」をもとに、お客様のライフプランに寄り添い安心して暮らせる住まいのトータルサポートを目指している。全国建築塗装技能競技大会で日本一及び4位のスタッフも在籍。

こだわり

ドローンによる外装劣化診断やカラーシミュレーションによる色選びなど、お客様のご要望に応える充実した提案で満足度アップ。お見積もりから工事完了まで、担当者が一気通貫でお客様をサポートしている。

代表あいさつ

代表取締役
沼田 亮

安心して暮らしていただくためにお家のメンテナンスは必要不可欠です。私たちはお客様に寄り添い、塗装を通じて「安心安全な暮らし」を提供いたします。

DATA

有限会社沼田塗装店
■本 社
◉神奈川県三浦郡葉山町下山口1936 3F
■事務所
◉神奈川県三浦郡
葉山町下山口186
☎046-876-7410
📠046-875-9162
🕘9:00～17:00
休日曜、祝日

[沼田塗装 葉山] 検索

神奈川県　外壁・屋根リフォーム
重防食塗装工事でお客様に安心・安全をお届けする

株式会社浜翔建設／PAINT LINE横浜鶴見店

有資格者や熟練の職人が
大切な住まいを長期にわたって守る

建築物の耐候性や長寿命化を高め、社会の安全と安心を維持するため社員一同努めている

神奈川県横浜市を中心に住宅の外装から橋や鉄塔、工場などの大きな建造物まで幅広く塗装事業を行う、建設業許可を取得している外壁塗装専門店。お客様の住まいや公共建造物の長寿命化を図り、安心と安全を維持するための施工を行っている。

こだわり

30年耐用の特殊塗料や、住まいを長期間美しく維持できる高耐候性塗料を使った施工で、お客様のご要望にお応えする。

屋根・外壁塗装
専門店

ペイントライン横浜鶴見
株式会社 浜翔建設

代表あいさつ

代表取締役
岡田 靖弘

私たちはお客様のことを1番に考え、10年後20年後も満足していただけるよう、有資格者や熟練の職人が安心していただける丁寧な施工をしています。

DATA

**株式会社浜翔建設／
PAINT LINE横浜鶴見店**
■本 社
◉神奈川県横浜市
鶴見区駒岡2-2-19
ヨコスカビル1 2F
☎045-717-7547
📠045-717-7548
🕘9:00～17:00
休日曜

岐阜県　屋根リフォーム
豊富な知識と高い技術力で岐阜の屋根を守る
日本いぶし瓦株式会社

累計施工実績10万件超！
大正10年創業の屋根リフォーム専門店

サンプルチェックもできる体験型屋根専門ショールーム

岐阜市にある日本いぶし瓦は、創業100年以上の歴史で培った豊富な知識と高い技術力で良質な工事を提供。専門職人が30組以上在籍しており、幅広いお悩みに応えることが可能。最長10年の工事保証や無料定期点検などのアフターサービスも充実している。

こだわり
岐阜市にある体験型の屋根専門ショールームは、普段目に見えづらい屋根を実際の屋根材や模型などを通じて体感することができる。また、屋根・外壁アドバイザーが常駐しており、気軽に相談が可能。

代表あいさつ
代表取締役
野々村 将任

お客様の住まいに関するお困りごとを知識、経験ともに豊富なスタッフが解決いたします。特に雨漏りや屋根の劣化にお悩みの方はご相談ください。

DATA
日本いぶし瓦株式会社
- 住所 岐阜県岐阜市石谷 1205-1
- ショールーム 岐阜県岐阜市福光東 2-13-16
- 0120-548-124
- 営業時間 8:00〜18:00
- 休日 土・日曜、祝日、夏季休暇、年末年始

日本いぶし瓦　[検索]

愛知県　外壁・屋根リフォーム
創業96年屋根外壁工事の専門店
株式会社外装リフォーム豊橋（山本瓦工業グループ）

屋根・板金・塗装・建築の建設業許可取得
専任技術者の揃った屋根外壁工事専門店

同社のショールームには屋根外壁のサンプルが豊富に揃っており、外壁塗装のカラーシミュレーションを行うこともできる

創業96年の山本瓦工業グループは、長年の実績と信頼で「高品質」「安心のアフターサービス」を提供。多くある「屋根外壁専門店」の中でも、同社は「屋根・板金・塗装・建築」の建設業許可を保有。正規屋根外壁工事専門店として実績を誇っている。

こだわり
所有する建設業許可は「屋根工事業・板金工事業・塗装工事業・建築工事業」。各工事の専任技術者が、建物診断から工事管理・引渡し検査までを実施しているのは、地域で唯一正規屋根外壁工事業者となっている同社だけ。

代表あいさつ
代表取締役
山本 武司

創業96年という永い歴史において築いてきた、「確かな技術」と「実績」によって地域の皆様の大切な建物の外装メンテナンスをお任せいただいております。

DATA
株式会社外装リフォーム豊橋（山本瓦工業グループ）
- 豊橋店 愛知県豊橋市前田町 2-9-10
- 0120-215-010
- 営業時間 8:30〜19:00
- 休日 日曜
- 豊川店 愛知県豊川市牛久保駅通3-14-1
- 休日 日・月曜

山本瓦工業　[検索]

愛知県　外壁・屋根リフォーム
心で塗り　技で建物を守る　地域密着の外壁塗装専門店
株式会社Gsm Japan／PAINT LINE知多・尾張西店

国土交通省基準の調査内容で
お客様の大切なお住まいを診断

お客様の家を守る、塗装のプロが集まる外装専門店。気になること、心配なことなどがあれば、まずは気軽に相談を

お客様を笑顔にすることを標準サービスとしている株式会社Gsm Japan。戸建住宅劣化診断士やサイディングメンテナンス診断士などが、定められた基準に沿って診断を行うことで、長い期間にわたりお客様に安心していただける外壁塗装を提供している。

こだわり
現地調査の段階で、ドローンや赤外線カメラなどを使い、下地の状況を適正に判断して、安心の施工につなげている。

代表あいさつ
代表取締役
鈴木 忠義

塗装のプロであり専門店だからこそできる繊細な施工を、安心価格でご提供いたします。お客様にとって最善の施工を考えます。お気軽にご相談ください。

DATA
株式会社Gsm Japan／PAINT LINE知多・尾張西店
- 本社 愛知県知多市清水が丘1-1402
- PAINT LINE知多 愛知県知多市清水が丘 2-708-C棟
- PAINT LINE尾張西店 愛知県愛西市町方町北遠外138-6
- 0120-983-521
- 営業時間 9:00〜18:00
- 休日 夏季休暇、年末年始

GsmJapan　[検索]

愛知県　外壁・外構・屋根・内装リフォーム
愛知県全域にて施工中。実績豊富 年間500棟！
リフォームスタジオニシヤマ／株式会社にしやま

塗装だけでなくカバー工法の実績多数
総合的な提案力が強み

県下最大級のショールーム。ホームページには2400棟以上の詳しい施工事例や外装リフォームについての知識が豊富に掲載されている

外壁材の中には塗装できないものも存在する。専門の資格を持ったプロスタッフが、外壁の状態を診断すると同時に建物の構造や外壁材の種類を的確に判別し、その建物に最適な外装リフォームを提案してくれる。屋根リフォームや防水工事もぜひ気軽に相談してみよう。

こだわり
通常の塗料だけでなく、「付加価値塗料」といった断熱性、伸縮性に優れた塗料も豊富に取り扱われている。

DATA
リフォームスタジオニシヤマ／株式会社にしやま
- 豊田店 愛知県豊田市小坂町 9-84
- 刈谷店 愛知県刈谷市板倉町 1-6-6 エンゼルハイム2F
- 岡崎店 愛知県岡崎市羽根町字小豆坂153 1F
- 0120-939-544
- FAX 0565-79-8112
- 営業時間 9:00〜18:00（ショールーム10:00〜16:00）
- 休日 水曜

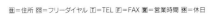

住＝住所　フリーダイヤル＝フリーダイヤル　T＝TEL　F＝FAX　営＝営業時間　休＝休日

三重県　外壁・屋根リフォーム
大切な住まいをリブリスホームが守ります

リブリスホーム三重店

『新築みたいになった』
これが私たちのこだわりです

超高耐久塗料を用いてデザインシミュレーションをし、世界でただひとつの"あなただけの住まい"を実現する

千葉県を中心に全国展開するリブリスホームでは、施工・品質・安全を徹底管理。単に外壁を塗り替えるだけでなく、デザインシミュレーションした上で新築のワクワク感を提供。「リブリスホームに頼んで良かった」と言われるようお客様に寄り添う提案をしている。

代表あいさつ

代表
藤田 知樹

住まいは家族が憩い、安らぎ、成長していける場所。元大工の技能と豊富な建築知識で多くのお客様に信頼していただけるよう日々努力しています。

DATA

リブリスホーム三重店

■三重店
㈲三重県鈴鹿市国府町
　5646-33
☎0120-963-403
営8:00～20:00
休夏季休暇、年末年始

■千葉本社
■市川店
■茨城店
■神奈川店
■埼玉店
■静岡店
■福島店
■南東京店

`リブリスホーム三重店` 検索

大阪府　外壁リフォーム
防水・雨漏り補修の専門知識で大阪の屋根を守る

株式会社奥田工業所

誠実をモットーに日々施工し、
お客様の財産を守りつづけたい

自社施工で安心・納得の価格を実現。調査依頼、見積もり無料。LINEでの簡単見積もりも可能。気軽に問い合わせを

大阪府を中心に屋根や屋上の雨漏り補修・遮熱塗装、外壁やベランダなどの改修・防水を行う。「スポーツをするように仕事をする」をコンセプトに、自分に厳しく、フェアに、お客様に寄り添ったサービスを提供。安心して暮らせる地域づくりに貢献する。

こだわり

長年培ってきた豊富な防水工事のノウハウと、雨漏り補修に関する知識で施工にこだわり続ける。建物の美観と下地を守るだけでなく、暑さ寒さ対策、騒音、空気環境の改善ができる遮熱塗装工事で、より過ごしやすい環境を整える。

代表あいさつ

代表取締役
奥田 裕嗣

3代に渡り、約60年間、地元密着で営業させていただいています。お客様と長いお付き合いができるよう、誠実な施工・アフターフォローに努めています。

DATA

株式会社奥田工業所

■本社
㈲大阪府守口市
　大久保町4-13-11
☎0120-85-8699
☎06-6901-1155
℻06-6902-8699
営8:00～18:00
休日曜

`奥田工業所` 検索

大阪府　外壁・外構・屋根・内装リフォーム
外壁塗装から茅葺屋根の葺き替えまで。技術力のカプライリフォーム

カプライリフォーム 東大阪

中古住宅を新築以上の価値に再生する！
工事歴40年の大浦代表が品質管理

腕利きの職人が集まっているのは、代表の大浦氏が熱意を持って現場に取り組んでいるからだ

元職人・建物診断士で40年以上の工事経験を持つ大浦代表が現場の監督指導を行う。古民家屋根の葺き替え、外装の劣化に起因する雨漏り修理、耐震改修を伴う工事など難易度の高い現場も相談可能だ。安心感がモットーで、HPでリフォーム現場レポートを公開中。

こだわり

東大阪市菱江の本社では、打合せ室でじっくり相談が可能だ

代表あいさつ

代表取締役
大浦 滋

私は24歳の時に強烈な欠陥住宅を購入しました。私は建築の勉強をし、自分の手でその家を再生させています。この経験を生かして本気で中古住宅を新築以上の価値に再生するつもりです。

DATA

**カプライリフォーム
東大阪**

■本社
㈲大阪府東大阪市
　菱江1-2-38
☎0120-33-1586
☎072-967-1761
℻072-967-1762
営9:00～18:00
休年末年始

`カプライリフォーム` 検索

大阪府　外壁・屋根リフォーム
将来世代につながる、きれいな町づくり

森内塗装株式会社

美しい心を持って
美しいものを創る

職人の子どもさんが描いた絵とメッセージ。「塗装作業の向上」「転落防止」「近隣への安心感」を図るためのアイデア

公共事業の施工実績が多く、これまで得た技術やノウハウを生かした施工でお客様に満足していただける高い品質を追求している。お客様の「ありがとう」にしっかりお応えし、「安心・信頼」を感じていただけるよう、日々精進して仕事に取り組んでいる。

こだわり

建設業を通してお客様に幸福を感じてもらえるよう、外壁塗装、屋根塗装、防水工事、鉄部塗装、構造物塗装、その他塗装工事全般、修繕工事など、多岐に渡った工事を請け負う。社会に必要とされる企業を目指している。

代表あいさつ

代表取締役
森内 拓己

美しい心を持ってつくるものは、必ず感動が生まれます。その心を持って思いをカタチにする。そしてお客様に喜んでいただく。それが私たちの喜びです。

DATA

森内塗装株式会社

■本社
㈲大阪府泉南市
　樽井1-4-6
☎072-468-8607
℻072-468-8608
営8:00～17:00
休日曜、祝日

`森内塗装` 検索

島根県　外壁・内装・屋根リフォーム
大切なお住まいを"塗心"込めて施工致します

株式会社岩佐塗装／PAINT LINE島根店

自社職人だからお客様満足度No.1
島根の頼れる塗装屋さん

地域密着型の"街の塗装屋さん"として、施工からアフターフォローまで丁寧に対応。保証も付いているので安心だ。

「この腕に塗心込めて」を理念とする岩佐塗装では、安心できる技術を提供すると共に、お客様に笑顔・感動・喜びを感じてもらえるよう社員一同取り組んでいる。常に当たり前以上にすることを考え、同社に「頼んで良かった」と言われる確かな施工を目指している。

こだわり
職人としての経験が豊富な社長自らが現地調査を行い、隅々までしっかりと診断。一級技能士も多数在籍しており、ワンランク上の塗装にこだわっている。徹底した社員教育による行き届いたお客様対応も評判だ。

代表あいさつ
代表取締役
岩佐 智好
元職人の経験を活かして、お客様からのご相談、ご要望に的確に対応し、リフォームのお手伝いをいたします。どうぞお気軽にご相談ください。

DATA
株式会社岩佐塗装／
PAINT LINE島根店
■雲南店（本店）
住 島根県雲南市
　大東町養賀784-5
TEL 0854-43-8820
FAX 0854-43-8830
休 なし
■松江店
住 島根県松江市学園南
　2-11-46 コーポ共和1F東
☎ 0800-222-1830
営 9:00～18:00　休 水・日曜

岩佐塗装　[検索]

広島県　外壁リフォーム
広島の外壁塗装専門店

SUCCEED株式会社（塗装屋サクシード）

安心の長期保証で
お客様のお住まいを末永くサポート

「地域やお客様のお役に立ちたい」という思いで取り組んでいる

「外壁塗装、屋根塗装ならSUCCEED！」を自負し、技術力に自信を持って取り組む同社。地域密着で築いてきたお客様とのコミュニケーションを大切にし、自社施工による徹底した下地処理と一級塗装技能士らによるこだわりの三度塗りを低価格で提供している。

こだわり
「誠実」「わかりやすく」「ていねいに」を徹底し、広島市内での塗装実績2500棟以上（2023年11月現在）を誇る塗装・防水の専門店。地域の方々が将来安心して暮らせる住まいの普及を目指し、相談窓口を担う。

代表あいさつ
代表取締役
舩田 祐介
「すぐに行ける距離」『『人間力』を大切にしたい」という思いを会社の理念にしております。「安心」と「癒し」を提供したいというのが、塗装屋サクシードの原点です。

DATA
SUCCEED株式会社
（塗装屋サクシード）
■本 社
住 広島県広島市西区
　観音本町2-1-43
☎ 0120-439-410
FAX 082-299-0648
営 9:00～18:00
休 日曜、祝日

塗装屋サクシード　[検索]

広島県　外壁・外構・屋根・内装リフォーム
広島で外壁塗装・屋根塗装をするなら直接施工のこの会社にお任せ！

有限会社リプルクリエイト／PAINT LINE広島西店

住宅塗装の専門家
塗装のイロハを語るYouTuberとしても活躍

店舗では大型モニターでのカラーシミュレーションが可能。色見本だけでは分からない完成イメージを作成してくれる

広島市・廿日市市を拠点に営業中。塗装経験37年の知識と経験を生かした安心プランを提案してくれる。個々の家をしっかり診断するだけでなく、今の時代にあった塗装方法や長持ちする塗料の提案があることがお客様からの高評価につながっている。

こだわり
広島市では珍しい住宅に特化した塗装店。初めてご自宅を塗り替える方や1度目で失敗した方に特におすすめ。専門家ならではの視点とお客様にとことん寄り添うスタイルが多くの方に選ばれる決め手になっている。

代表あいさつ
代表取締役
川岡 寛之
広島では初の住宅塗装専門家として、丁寧に分かりやすくご説明いたします。低価格で長持ちする塗装をご希望の方はきっと私たちがお力になれることでしょう。

DATA
有限会社リプルクリエイト／
PAINT LINE広島西店
■本 社
住 広島県広島市佐伯区
　八幡2-26-31 扇ビル1F
☎ 0120-061-817
TEL 082-942-2879
営 9:00～18:00
休 日曜、GW、夏季休暇、
　年末年始

リプルクリエイト　[検索]

福岡県　外壁・屋根リフォーム
ご相談からアフターフォローまで。自社スタッフが責任を持って対応！

株式会社江藤建装

お客様からの信頼を力に
はじめましてから続くお付き合いを

「明るく元気に誇りの持てる丁寧な仕事を」をモットーに、工事を依頼されたお客様へ、感謝の気持ちを込めて作業に取り組む

「どの業者に頼んだらいいか分からない」と業者に対する不安を持っているお客様に、「家を健康に保つリフォームの依頼は、地域密着の江藤建装！」と思ってもらい、お客様の不安を払拭できるよう、責任施工で自社スタッフが全て対応してくれる。

こだわり
お客様の希望を聞いた上で、要望に沿った提案をお客様の立場でしてくれる。責任施工で見えない作業もしっかりと。どんな工事でも耐久年数を最大限に生かすことを目指す。施工内容はHP内のブログで詳しく紹介。

代表あいさつ
代表取締役
江藤 聡志
建設許可証等各種資格の所有と29年間現役職人として、お客様目線で打ち合わせをし、工事期間中の不安を払拭できるよう、会話を大事に仕事に取り組んでいます。

DATA
株式会社江藤建装
■本 社
住 福岡県福岡市
　早良区野芥7-7-28
☎ 0120-0162-79
TEL 092-407-2235
FAX 092-407-2237
営 8:00～20:00
休 不定

江藤建装　[検索]

住=住所 ☎=フリーダイヤル TEL=TEL FAX=FAX 営=営業時間 休=休日

福岡県　外壁・外構・屋根・内装リフォーム、造園
「あんしん・あんぜん」のTV CMでお馴染みの三洋ペイントです！

三洋ペイント株式会社

まもなく創業30年の技術と実績
安心の塗装工事を提供

2023年2月に新社屋が完成。北九州市から全国へ、「あんぜん・あんしん」なサービスを提供している

「あんぜん・あんしん・三洋ペイント」のTVCMでお馴染みの三洋ペイント株式会社。「調査はじっくり、工事はしっかり」を掲げ、素早い対応を心がけている。外壁塗装を中心に、内装リフォームや造園まで快適な住まいづくりをトータルで提案している。

こだわり

三洋ペイントのこだわりは、徹底した事前調査。細部にわたるまでしっかりと調査を行い、経験豊富な専門の職人の目で塗料の種類や工法を選んで、お住まいに最適な改修案を提案している。

代表あいさつ

代表取締役社長
松下 絵美

私たちはお客様の家の価値を理解し、価値を高めるためのお手伝いをしています。家づくりのパートナーとしてご要望をしっかりと受け止め、最適なリフォームを提供いたします。

DATA

三洋ペイント株式会社
■本社
住福岡県北九州市
　八幡西区割子川2-1-6
TEL0120-34-3469
FAX093-644-5123
営本社9:00～17:00、
　営業所9:00～19:00
休月曜

三洋ペイント　検索

福岡県・大分県　外壁・外構・屋根・内装リフォーム、造園
あなたの町で働くディグ工業

株式会社ディグ工業／PAINT LINE福岡・大分店

九州電力の登録会社として
信頼と実績のある会社

国土交通大臣許可特定建設業を持ち、公共事業の受注を行う、信頼のある会社

「お客様ありき」をスローガンとして掲げ「誠実な経営、誠実な施工」「堂々とした誠実なものづくり」を実践。お世話になった方々への恩義を忘れず、信義を何より大切にし、ものづくりの大義を追求する。お客様の期待に応えるべく、努力を重ね続ける会社だ。

代表あいさつ

代表取締役
下畝 康資

ディグ工業の掲げる経営理念「堅実経営」と「誠実施工」を信条に、社会から必要とされ続ける企業として、社業の発展を通じ広く社会に貢献してまいります。

DATA

株式会社ディグ工業／PAINT LINE福岡・大分店
■本社
住福岡県福岡市中央区
　薬院4-18-26-803
TEL0120-117-858
TEL092-791-6446
FAX092-791-6447
営8:30～17:30
休日曜、第2・4土曜、祝日

■大分営業所
住大分県大分市明野北
　5-17-11
TEL097-558-2393
FAX097-558-2356
営8:30～17:30
休日曜、第2・4土曜、祝日

ディグ工業　福岡　検索

熊本県　外壁・屋根リフォーム
熊本県の屋根・外壁塗装専門店

株式会社マンセル

見えづらい屋根の上や屋根裏も
外装劣化診断士が正確に診断

専門的な知識・技術を持った診断士が住まいの状態を細かく診断。見えない部分はドローンを用いた撮影も行っている

マンセルでは、お客様が相談しやすい環境づくりやきめ細かな接客を重視。スタッフ一人ひとりが自信を持って最適な提案を行うために、全スタッフが毎月研修会等に積極的に参加し知識と技術の向上に取り組んでいる。ショールームでの対応やイベントも好評だ。

こだわり

同社では見積書に材料費と施工費を分けて記載し、塗装面積、使用塗料や缶数まで内訳を細かく明記。どんな性能の塗料をどのくらい使用するかをきちんとお伝えすることで、お客様が安心できる施工を心がけている。

代表あいさつ

代表取締役
吉崎 健児

創業以来、約12年にわたり地元に密着したお付き合いを大切にしてきました。感謝の気持ちを忘れず、向上心と責任感を持ち仕事をさせていただきます。

DATA

株式会社マンセル
■本社
住熊本県熊本市東区
　長嶺南6-20-39
TEL096-234-7663
FAX096-234-7669
営9:00～18:00
休日曜

マンセル熊本　検索

宮崎県　外壁・屋根リフォーム
「こまった」を「よかった」にする3つ星リフォーム

株式会社フクマツ

地域の人々に支えられて55年
お住まいのあらゆるお困りごとを解消！

JR宮崎駅から徒歩10分という利便性の高い立地にある店舗。施工エリアは宮崎市内全域と広範囲にわたる

地域に根付いて55年。3つ星リフォームのフクマツは、「お得」「丁寧」「近い」の3つを兼ね備えたリフォーム店。丁寧な説明はもちろん、適正価格での工事、何かあればすぐに向かうスピード感のある対応で地域からの信頼を得ており、気軽に相談できると評判だ。

こだわり

技術や知識はもちろん、お施主様の立場に立って考えることを第一とする、住まいのプロ集団。丁寧な現場調査、分かりやすい商品説明、そして適正価格。工事内容もしっかりと説明し、アフターフォローも万全！

代表あいさつ

代表取締役
福松 修一郎

創業以来55年、地域の皆様にご愛顧いただき、育てていただきました。住まいを守る外壁塗装からトイレの詰まりまで、お住まいの安全と快適を提供しています。

DATA

株式会社フクマツ
■本社
住宮崎県宮崎市
　昭和町51-12
TEL0985-27-7433
FAX0985-27-7146
営8:00～18:00
休日曜、祝日

フクマツ　宮崎　検索

リフォームの費用・工期から会社選びのポイントまで！

外装リフォームの教科書 2024

完全保存版

発 行 人／田中 朋博

編 集 人／乃万 郁美

営　　業／髙雄 翔也

編　　集／佐伯 利恵
　　　　　河合 篤子

編集アシスタント／瀧本 真由子

校　　閲／森田 春菜

デ ザ イ ン／栗栖 信二
　　　　　吉村 基弘

Ｄ　Ｔ　Ｐ／濱先 貴之

販　　売／細谷 芳弘
　　　　　菊谷 優希

印刷・製本／株式会社中本本店

2024年1月25日発行

発行／株式会社ザメディアジョン
　　　〒733-0011 広島県広島市西区横川町2-5-15
　　　TEL.082-503-5035　FAX.082-503-5036
　　　https://www.mediasion.co.jp/

ISBN978-4-86250-790-7　C0077 ¥520E

©株式会社ザメディアジョン
本誌掲載の記事、イラスト、写真の無断転載、コピーを禁じます。